광주100년

시장과 마을과 거리의 문화사

광주100년
시장과 마을과 거리의 문화사

초판 1쇄 인쇄 2023년 12월 10일
초판 1쇄 발행 2023년 12월 15일

지은이 심영의 **펴낸곳** (재)광주광역시광주문화재단
주소 광주광역시 남구 천변좌로 338번길 7
대표전화 062) 670-7492 **팩스** 062) 670-7499

만든 곳 도서출판 푸른사상사 **만든 이** 한봉숙
등록 1999년 7월 8일 제2-2876호
주소 경기도 파주시 회동길 337-16
대표전화 031) 955-9111(2) **팩스** 031) 955-9114
이메일 prun21c@hanmail.net

ⓒ (재)광주광역시광주문화재단, 2023

ISBN 979-11-308-2121-4 03300
값 21,000원

GWANGJU

광주100년

시장과 마을과 거리의 문화사

심영의

푸른사상
PRUNSASANG

책머리에

　　　　　　　　　　고 박선홍 선생의 뜻과 업적을 기리기 위해 마련
된 제2회 박선홍광주학술상을 수상하게 되어 무척 기뻤다. 한편으로는 선
생이 책을 내실 때 수없이 많은 퇴고와 가필과 수정 작업을 거듭하신 그 정
성에 미치지 못할 것이 자명한 데다 그분이 남긴 향토사 연구의 업적에 누
가 되지 않을까 두려운 마음이 앞섰다는 게 솔직한 마음이다.

　이 책은 고 박선홍 선생의 역작은 물론이고 오랫동안 지역의 역사와 문
화 연구에 매진해온 연구자들의 연구 성과에 기대고 있다. 다만 필자 나름
의 관점으로 광주의 문화사를 재구성하고자 하였다. 책의 제목에서 짐작할
수 있다시피 이 책은 지역민의 삶과 매우 밀접한 거리에서 삶을 지속하고
나아가 문화적 정체성을 구현하는 데 영향을 준 광주의 전통시장과 유서
깊은 마을, 그리고 몇몇 거리 들에 관한 문화사라 할 수 있다.

　풍속사(風俗史)는 특정한 시대, 특정한 사회의 생활 전반에 걸친 남다른
습관이나 습속의 기록을 말하고, 문화사(文化史)란 역사 현상을 인간 내면

정신의 소산으로 보고 학문, 예술, 사상 등을 종합적으로 고찰하는 정신문화의 역사를 말하는 것이니, 이 책에서는 문화사를 풍속사를 아우르는 폭넓은 개념으로 보아 제목을 그렇게 정했다.

주지하다시피 시장은 시대를 진열하는 창(窓)이다. 그런데 오랜 세월 우리의 삶과 밀접한 거리에 있었던 전통시장은 1990년대 중반 이후 대형 유통업체의 진출 및 온라인 쇼핑몰 출현 등의 외부적 요인과 시장 시설의 노후화, 주차 시설을 비롯한 기초 편의 시설 부족, 전근대적인 경영 방식 등과 같은 내부적 요인에 의해 경쟁력을 잃어가고 있다.

그러나 다양한 유형의 경제적 행위가 벌어지는 전통시장의 다원적 가치는 여전히 지역주민의 삶과 함께 진화하고 있다. 또한 전통문화를 상징하는 공간으로서의 '마을'과 '거리'는 지역주민들과의 밀접한 상호작용을 통해 주민들의 역사 · 문화적 정체성을 형성하는 데에 큰 영향을 미치고 있다. 무엇보다 공동체의 해체, 관계 맺기의 결핍, 무연 사회의 진입 등 사회적으로 양산되고 있는 현대 도시의 부정적인 상황 속에서 마을과 거리는 지역의 발전과 사회적 통합의 지속 가능성을 시사하는 주요한 장소이기도 하다.

이 책은 광주 지역 전통시장의 장소가 가진 함의를 중심으로 본원적인 가치인 삶의 터전으로서의 전통시장에 주목하여 생활세계에 대한 진정한 의미를 파악하고자 하는 데 중점을 두었다. 나아가 전통을 표방하는 문화마을과 거리의 형성 과정과 변천의 역사를 통해 새로운 문화적 정체성 확립을 통한 관계성의 확장—지속 가능성을 모색하고자 했다.

그러한 집필 목적과 방향성에 따라 이 책은 다음과 같이 구성했다. 제1부에서는 '전통시장의 형성과 변천, 그리고 시장의 장소성'이라는 주제 아래 현대적 유통 공간과 뚜렷한 대조를 이루는 사회문화적 공간으로서 다양한 사회적 교류와 문화, 체험 등이 공존하고 있는 양동시상과 내인시장을 비롯한 광주 전통시장의 변천 과정에 대해 다뤘다.

제2부에서는 '근대적 도시, 그리고 전통과 문화가 어우러진 마을'이라는 주제 아래 양림동 근대역사문화마을과 서창향토문화마을 등 오랜 역사를 지니고 있는 전통문화마을의 생성의 역사와 함께 월곡동 고려인마을을 다뤘다. 고려인마을은 전통문화마을은 아니지만 우리 근대사의 상흔과 극복을 집약해서 보여주는 상징적 장소라는 가치에 주목했다.

제3부에서는 '역사와 문화의 거리, 그리고 게토'라는 주제로 궁동 예술의 거리와 운림동 미술의 거리 등 주민들의 문화·예술적 감각을 고양하는 유서 깊은 거리와 충장로와 금남로 등 광주의 역사를 품고 있는 거리를 살폈다. 특히 그동안 의도적으로 외면해온 도시의 그늘, 배제와 차별과 소외의 공간—게토(ghetto)인 대인동을 비롯한 성매매 거리를 다룬 까닭은 이러하다. 곧, 자본주의와 도시의 성장 속에서 성매매 공간이 어떻게 형성되고 변화했는지를 살펴보는 일은 도시 공간 내의 성매매 여성의 위치성을 점검하면서 함께 살아간다는 것의 의미, 좀 더 본질적인 의미에서 인간(의 삶)이란 대체 어떤 모습으로 존재해야 하는가 하는 철학적 질문으로 귀결되기 때문이라고 보았기 때문이다.

지역은 공동체로서 동질감과 함께 내부의 다양한 문화적 성향과 사회·경제적 세력의 각축장이라 할 수 있다. 이 책은 광주 지역의 전통시장과 마을과 거리에서 이루어진 지역민들의 삶의 총체성을 재구성하고자 하는 데 목표를 두고 쓴 것이다. 그것은 궁극적으로 우리 지역의 주민들에게 문화적·역사적 자긍심을 고취하고 지역에서의 삶의 질을 고양하는 데에 있다.

이 책이 지역을 구성하고 있는 사람과 공간의 역사적·문화적 배경에 대한 기존의 축적된 연구 성과에 더해 광주 지역의 문화사에 대한 생산적인 논의를 제공할 수 있기를 바란다. 더불어 우리 지역 공동체에 대한 자긍심을 함양하여 지역 발전의 구심점을 제공하고 새롭고 진취적인 지역 이미지를 창출하는 데 작은 기여라도 할 수 있다면 더할 나위 없는 기쁨이겠다.

2023년 10월
심영의

1

시장

전통시장의 형성과 변천, 그리고 시장의 장소성

시장은 사람들이 모이는 장소이며, 무엇보다 상품의 거래와 유통이 이루어지는 곳으로 인류의
역사만큼이나 오랜 옛날부터 존재해왔다. 소비자와 판매자가 만나는 거래 장소로서 시장의 의미는
고정되어 있는 것이 아니라 시대와 역사에 따라 변화한다.

시장(市場)은 '사람들이 모이는 장소'다. 원래 시장의 형성은 제사와 밀접한 관계를 맺고 있다. 고대인들은 우주 자연의 현상과 변화를 신이 주관하는 것으로 여겼으며, 하늘과 자연, 그리고 조상 등에게 제사 지내는 것을 매우 중요한 일로 여겼다. 제사가 거행되는 제단 부근에는 많은 사람이 모였기 때문에 자연스럽게 각종 소식과 정보가 전달되었고, 또 서로 필요한 물건의 교환과 거래가 이루어졌다.[1]

시장과 그 의미가 완전히 같은 것은 아니지만 '사람들이 만나는 곳'이라는 의미에서 보면 서구에서는 '광장(廣場)'이 존재했다. 고대 그리스의 아고라에서부터 로마의 포룸, 중세의 시장이나 교회 광장으로 맥락이 이어져왔고, 근대에는 보다 체계적인 도시계획 아래 광장과 함께 새로운 야외 공공 공간인 '공원'이 탄생하였다.[2]

시장은 무엇보다 상품의 거래와 유통이 이루어지는 곳이다. 시장은 인류의 역사만큼이나 오랜 옛날부터 존재해왔다. 생활을 영위하는 데 필요한 물품을 개인이 모두 생산하거나 만들어 쓸 수는 없는 일이어서 자연스

---

1 박은숙, 『시장의 역사 : 교양으로 읽는 시장과 상인의 변천사』, 역사비평사, 2013, 35쪽.
2 손유림 · 김진아, 「광장의 공공문화 : 광주공원과 5 · 18민주광장의 형성과 역할 변화」, 『동아시아문화연구』 제79호, 한양대학교 동아시아문화연구소, 2019, 91쪽.

럽게 서로 필요한 물품을 교환하거나 거래하게 되었다. 물건의 교환과 거래가 확산하면서 점차 사람이 많이 모이는 일정한 장소에 시장이 형성되고 발전하였다. 도시에 형성된 근대 시상은 _1와 같은 상업 활동을 추구하기 위한 공간이었다.[3]

우리의 경우 시장이라는 용어는 19세기 말 개항기부터 점차 널리 쓰이기 시작했다. 시장은 일반적으로 시장을 만든 사람이 누구인가(개설 주체), 어떤 단계의 거래를 하는 시장인가(거래 단계), 어떤 상품을 취급하는 시장인가(상품 종류), 어떤 주기로 열리는 시장인가(개설 기간) 등에 따라 여러 가지로 나눌 수 있다.

필요한 물품을 거래한다는 점에서 시장의 기능은 시대와 공간을 뛰어넘어 언제나 같다. 하지만 시장의 풍경, 상품, 그리고 상인과 그곳을 이용하는 사람들은 서로 다르다. 끊임없이 변화하면서 생성-발전-소멸의 궤도를 그리고 있다. 따라서 시장의 역사 속에는 그 시절, 그곳 사람들의 생활 이야기가 고스란히 담겨 있다. 그래서 시장은 시대와 사람들의 생활이 진열되어 있는 시대의 창이며, 그 시대 경제와 생활문화의 꽃을 피우는 쇼윈도(show window)라 할 수 있다.[4]

오스트리아-헝가리 출신의 철학자이자 경제사학자인 칼 폴라니(Polányi Károly)는 '시장'이라는 체제가 어디에서 어떻게 출현하고 변해왔는가를 연구하면서 시장 만능주의나 시장 근본주의 모두를 비판한다. 폴라니는 경

---

3 김종규 · 김태경, 「시장(市場)에 대한 장소적 고찰 : 전통시장의 미래에 대한 인문학적 제언」, 『인문과학』 제26권, 성균관대학교 인문학연구원, 2016, 177쪽.
4 박은숙, 앞의 책, 11쪽.

제적 제도로서의 시장에 주목하면서, 제도는 사회의 개인들에게 행동의 동기를 제공해줄 뿐 아니라 그들의 행동을 일정한 관계로서 일상화하고 정화하는 것이라고 말한다.[5] 사회적 지지 구조로서의 시장 제도의 특성은 인간과 인간의 관계가 상품이라는 물질을 매개로 이루어지는바, 참여 행위자들은 물질적 이득이라는 동기로 움직인다는 데에 있다는 것이다.

무엇보다 시장은 소비행위가 이루어지는 장소다. 소비행위를 통해 자신의 정체성을 형성하고 자신의 행위 양식을 결정하게 되는 문화를 소비문화라 할 때, 소비문화는 현대 소비사회를 지배하는 중요한 키워드의 하나다. 그것은 다양한 소비생활에 중요한 영향을 미치고 있다. 소비는 경제적 행위일 뿐 아니라 사회문화적 행위가 되고 있기 때문이다.[6]

예를 들면 우리의 생존을 위한 가장 기본적인 소비행위에 해당하는 음식을 소비하는 행위도 음식에 포함된 영양적 요소를 넘어 그 상징적 의미까지도 먹는 사람에게 편입함으로써 개인의 주체성을 형성하고, 그를 특정 집단이나 문화에 포함 또는 배제하는 수단으로 활용되고 있다. 특정 음식을 소비하는 행위와 관련 의식들이 그 음식의 상징적 속성과 가치를 취해 자아를 구성하고, 다른 소속 집단과 문화의 독특한 규범과 가치를 내면화하고 공유하는 과정을 통해 개인적이고 집합적인 정체성을 획득하는 기제가 되는 것이다.[7]

---

5   심경섭, 「인간 역사상에서의 시장의 위치에 관한 연구」, 『專門經營人硏究』 제10집 제2호, 2007, 9쪽.
6   서정희, 『4차 산업혁명 시대의 소비자와 시장』, UUP, 2020, 155쪽.
7   고명지 · 최유정 · 최샛별, 「청년 세대 음식소비문화에 관한 연구」, 『소비문화연구』 20권 2호, 한국소비문화학회, 2017, 50쪽.

소비의 의미는 농업과 수공업이 지배적이었던 전통 사회에서 상품의 대량생산을 가능하게 하는 산업자본주의 사회로 이행되면서 근본적으로 변화하였으며, 첨단 커뮤니케이션의 발달과 정보화를 특징으로 한 후기 자본주의 사회에서 다시 한번 근본적으로 변화하였다.

전통 사회에서의 소비는 존재를 실현하기 위한 물품의 사용, 곧 가치의 산출이 가장 큰 의의였다. 그러나 산업자본주의 사회에서의 소비는 소유를 위한 상품의 구매, 곧 교환가치의 산출이, 후기 자본주의 사회에서는 상징소비, 곧 기호가치의 산출이 보다 중요한 의미를 가지게 되었다. 소비자와 시장 환경의 변화에 따른 소비자 의식의 변화와 관련하여 상품을 통하여 자아를 추구하는 현상을 '디드로 효과'라 부른다. 17세기 말 프랑스의 철학자이자 수필가였던 드니 디드로가 「헌 드레스 가운을 버리고 나서의 후회」라는 제목의 글에서 상품이 어떻게 인간의 의식을 지배하는가를 처음으로 지적한 데서 연유한 개념이다.[8]

이 글에서는 다양한 시장의 형태 중에서 물질적 공간 그리고 오랜 역사를 지닌 전통시장에 주목한다. '전통시장'은 2009년 이전까지 '재래시장'이라는 용어로 불렸으나 낙후되고 젊은 소비층에 다가가지 못하는 이미지가 강해서, 2009년 '전통시장 및 상점가 육성을 위한 특별법'에서 '전통시장'이라는 용어를 사용하기 시작했다. 이후 2013년 6월 법률상의 정의를 '자연발생적으로 또는 사회적·경제적 필요에 의해 조성되고, 상품이나 용역의 거래가 상호신뢰에 기초하여 주로 전통적인 방식으로 이루어

---

8   서정희, 앞의 책, 155~158쪽.

지는 장소'로 규정하였다.[9]

이 글에서 다양한 시장의 형태 중에서 물질적 공간 그리고 오랜 역사를 지닌 전통시장에 주목하는 까닭은 소비자와 시장 환경의 변화에 따른 소비자 의식의 변화(상품을 통하여 자아를 추구하는 '디드로 효과')를 통해 주민들의 욕구와 삶의 방향성을 가늠해볼 수 있기 때문이다.

전통시장은 오랜 기간 지역 특산물과 특산품의 거래 중심지로서 지역 경제 관점에서 중요한 기능을 담당해왔다. 경제와 문화, 그리고 역사를 아우르는 생활 공간인 전통시장의 가치에 대해서는 이견이 없으나, 현실에서 공유하고 체험하는 전통시장의 가치는 다양한 요인들로 인해 쇠퇴하고 있다. 전통시장은 1990년대 중반 이후 대형 유통업체의 진출 및 온라인 쇼핑몰 출현 등의 외부적 요인과 시장 시설의 노후화, 주차 공간과 같은 기초 편의 시설 부족, 전근대적인 경영 방식 등과 같은 내부적 요인에 의해 경쟁력을 잃어가고 있는 게 현실이다.

하지만 사태가 그렇게 단순하지는 않다. 정부는 2004년과 2006년에 연이어 '재래시장 육성을 위한 특별법'을 제정하여 재래시장의 위기 타파와 활성화를 도모해왔다. 또한 크고 작은 선거철이나 정치적 이슈가 생길 때마다 정치인들은 대형 마트나 복합 쇼핑몰이 아니라 전통시장을 찾는 모습을 연출한다. 언론은 서민들의 살림살이를 보여주는 지표로 곧잘 재래

---

9 홍상호 · 신우진, 「지방대도시 내 전통시장 상권범위에 관한 연구 : 광주광역시 양동시장을 중심으로」, 『한국지역개발학회 학술대회자료집』, 한국지역개발학회, 2016, 333쪽. 여러 논자들이 나름의 관점에서 재래시장 혹은 전통시장으로 표기하고 있는데 결국 동일한 개념으로 보아 이 글에서는 모두 '전통시장'으로 표기를 통일하여 사용한다.

시장의 장바구니 물가를 든다. 이처럼 전통시장은 현대 한국 사회에서 일반 대중의 경제 상황을 상징하는 최상의 기표로 작동하고 있다.[10]

이 글에서 주목하는 것은 전통시장을 이용하는 주민들의 경제적 · 실용적 동기들과 함께, 전통시장 선호와 관련하여 역사적으로 구조화되어온 경제적 요인들과 그와 결부되고 길항하던 정치 · 사회 · 문화적 요인들이다. 그것은 한국 사회의 근대 이행기(일제 식민지 시기)에 형성된 전통시장의 위상, 역할 및 전통시장 참여자들, 즉 행위 주체들의 의미 부여적 실천과 관련된다.

전통시장과 관련한 선행 연구 대부분이 전통시장의 활성화 방안에 관심을 갖고 다양한 제언을 하는 것과는 달리 이 글은 시장의 장소성과 시장의 주인인 상인, 그리고 시장을 이용하는 지역주민들의 정체성을 중심으로 한 인문학적 성찰에 좀 더 많은 관심을 갖는다.

광주(光州)는 전국 5대 광역시 중의 하나로 2023년 6월 30일 현재 인구 1,424,818명(외국인 미포함)[11]의 대도시다. 면적은 501.1제곱킬로미터로, 북동쪽으로 담양군, 북쪽으로 장성군, 서쪽으로 함평군, 남쪽으로 나주시, 남동쪽으로 화순군에 접한다. 서울 · 부산 · 대구 · 인천에 이어 국내 제5위를 차지하는 대도시이며, 호남 지방 최대의 도시이다. 행정구역은 5개 자치구에 97개 행정동으로 나누어져 있다.

---

10 조형근, 「일제 식민지기 재래시장의 사회사적 분석을 통한 식민지근대성론의 사회변동론적 재구성」, 『한국사회학』 제48집 제5호, 한국사회학회, 2014, 100쪽.
11 광주광역시 자치행정과 인구통계 현황자료, 2023.7.4.

광주 지방에 국가 단위 사회가 발생한 시기는 진한, 변한과 더불어 고조선 이후에 생긴 삼한 중의 하나인 마한 시대로 추측된다. 마한(馬韓)은 기원전부터 6세기까지 경기도, 충청도, 전라도 지역에 분포한 54개의 부족 국가로 이루어진 나라로 삼한 중에 가장 세력이 컸고, 경기도, 충청도, 전라도 지방에 걸쳐 있었다.

마한의 중심이자 삼한의 중심이었던 목지국이 어느 곳에 위치했는가에 관하여는 여러 설이 있다. 마한 소국 중 하나였던 백제가 성장함에 따라 목지국을 비롯한 마한의 여러 소국들은 점차 백제에 병합되었다. 그러나 마한 최후의 세력이 오늘날의 전남 지역에 장기간 존속했음을 근거로 전남 지역 여러 지자체에서는(특히 나주와 영암) 마한의 중심지가 자신의 지역이라는 정체성 경쟁을 벌이기도 하는 실정이다. 광주의 역사가 꽤 오래되었기는 하지만 적어도 일제강점기 이전까지는 호남의 중심 도시는 전주와 나주였다. 전라(全羅)도는 고려 때 전주(全州)와 나주(羅州)의 앞글자를 따서 부르던 명칭이다.

광주가 호남 지역의 중심 도시로 성장한 배경에는 대해서는 박선홍 선생이 『광주 1백년』에서 상세하게 언급하고 있다. 이해를 돕기 위해 간략하게 소개하면 다음과 같다. 1895년 을미개혁의 일환으로 종전의 8도 체제를 폐지하고 23부 331군 체제로 바뀌면서 전라도 서남부 행정 중심지인 나주목이 나주부로 불리게 되었다. 단발령 항쟁 뒤인 1896년 8월 23부 체제를 폐지하고 다시 13도 체제로 지방 행정제도가 바뀌었다. 지금처럼 전라남북도, 경상남북도 등으로 나눠 부르는 행정 명칭이 이때부터 시작되었다. 일련의 행정구역 내지 행정 체계의 개편 과정에서 특이한 것이 관찰부, 즉 전남도청 소재지가 광주로 정해진 사실이다.

여기에는 몇 가지 배경이 있다. 첫째, 광주는 지리적으로 약간 북쪽에 치우쳐 있기는 했으나 전남의 중앙이라 할 만한 위치에 자리 잡고 있다. 둘째, 역사적으로 광주는 과거 무진주 및 무주의 중심 도시였다. 셋째, 무엇보다도 전남 관찰부의 광주 확정은 1896년 초 행정구역 개편 직전의 나주 단발령 항거에 대한 중앙정부의 징벌적 행정조치의 측면이 강했다. 이런 배경을 통해 전남 관찰부가 된 광주는 그때까지만 해도 시가지가 자그마한 시골 동네와 다를 바 없었다.[12]

광주에는 양동시장을 비롯한 전통시장이 모두 24곳이 있다고 광주시에서는 소개하고 있다. 대인시장, 남광주해뜨는시장, 남광주시장, 산수시장, 양동시장과 맞닿아 있는 양동 복개상가시장, 양동닭전길시장, 양동수산시장, 양동건어물시장, 양동산업용품시장, 양동경열로시장, 화정동서부시장, 무등시장, 봉선 시장, 두암시장, 운암시장, 말바우시장, 동부시장, 송정매일시장, 송정5일시장, 비아5일시장, 1913송정역시장, 월곡시장, 우산매일시장이 그러하다.

광주민속박물관에서 2001년에 발간한『광주의 재래시장』에서는 동구의 경우 중앙시장과 대인시장을 비롯하여 10개의 전통시장을, 서구의 경우 양동시장을 포함하여 다섯 군데, 남부시장과 무등시장을 포함하여 남구의 경우 다섯 곳, 북구의 경우는 서방시장과 말바우시장을 포함하여 14곳, 광산구엔 송정 오일장을 비롯한 다섯 곳을 포함하여 모두 40곳의 전

---

12 박선홍, 『광주 1백년』 증보판, 심미안, 2012, 17~18쪽.

통시장을 소개하고 있다.

　박선홍 선생은 전통 재래시장을 뜻하는 '장(場)'이 특히 우리 광주·전남과 인연이 깊다는 것을 문헌을 통해 확인하고 있다. 조선 제9대 왕인 성종(재위 1469~1494) 재위 25년 2개월간의 국정 전반에 관한 역사를 기록한 「성종실록」에 따르면, 당시 전라도를 휩쓴 가뭄과 기근에 대한 진휼책의 하나로 조정은 백성들에게 시장의 개설을 허용했는데 맨 먼저 장이 열린 곳이 전라도 무안이었다는 것이다.

　정영신은 그의 책에서 "우리나라 전통시장은 18세기 무렵 전라도 나주에서 장이 처음으로 열리기 시작하여 지금에 이르고 있다."[13]라고 서술해 두었다. 무안과 나주는 서로 다른 도시지만 거리가 25킬로미터 정도로 가깝고 광주에서도 생활권이라 할 만큼 그리 먼 곳은 아니어서 어느 쪽이 좀 더 정확한가를 이 글에서 굳이 따지고 가릴 건 없겠다.

　이 글에서는 광주의 전통시장에 대한 일람표를 만드는 게 목적이 아닌데다 그러한 작업은 선행 연구에서 이루어진 바 있으므로 유용하게 참고는 하되, 양동시장과 대인시장, 남광주시장, 1913송정역시장과 북구의 말바우시장과 서방시장, 그리고 전통시장은 아니지만 금요일마다 장이 서는 비상설시장으로서의 상무 금요시장을 살펴본다. 양동복개상가시장은 양동시장과 맞닿아 있고, 양동닭전길시장, 양동수산시장, 양동건어물시장은 모두 양동시장 내부에 위치하고 있으므로 모두 하나의 양동시장으로 묶을 수 있기도 하다.

13　정영신, 「한국의 장터」, 눈빛, 2012, 478쪽.

양동전통시장 입구 ⓒ 심영의

1. 양동시장

광주광역시 서구 천변좌로 238(양동 5-101번지)에 위치한 양동시장은 오랜 역사와 규모에서 단연 광주의 대표적인 전통시장이다.

네이버와 소상공인시장진흥공단, 그리고 가디언 출판사가 공동 연구하여 만든『국내 시장백과』'광주 양동시장'편이 양동시장에 관해 정리된 실증적 자료로는 매우 충실하다. 자료에는 "오늘날 수많은 사람들이 북적대는 양동시장 일대는 1920년대 이전까지만 해도 사람이 별로 살지 않는 광주천 하류의 드넓은 늪지대였다. 1757~1765년에 각 읍에서 편찬한 읍지를 모아 편찬한 전국 지방지인『여지도서(輿地圖書)』에 따르면 이곳은 당시 광주군 공수방면(公須坊面)에 속한 땅으로 인구는 면 전체를 통틀어 700여 명이었다. 당시만 해도 갈대가 무성한 이곳의 둔치는 광주 사람들이 종종 나와 더위를 식히거나 소를 방목하던 곳이었다."고, 양동시장의 형성에 관해 서술하고 있다.[14]

양동시장이 지금의 위치에 바로 들어선 것은 아니다. 양동시장 일대는 1920년대 이전까지만 해도 사람이 별로 살지 않는 광주천 하류의 드넓은 늪지대였다. 당시만 해도 갈대가 무성한 이곳의 둔치는 광주 사람들이 종종 나와 더위를 식히거나 소를 방목하던 곳이었다. 1910년대에 '광주교' 아래 백사장에 2일과 7일마다 장이 열렸다. 일제강점기인 1920년대 광주

---

14 https://terms.naver.com/entry.naver?docId=3341683&cid=51381&categoryId=63836, 네이버 · 소상공인시장진흥공단 공동 기획, 〈국내 시장 백과〉, '광주 양동시장' 항목.

천에 제방이 축조되고, 제방 뒤로 제사공장이 들어서기 시작했다. 공장이 세워지고 그곳에서 일하는 사람들이 모여들자 일제는 1928년 구불구불한 광주천을 곧게 펴는 공사(직강공사)를 시작한다. 광주천을 중심으로 크고 작은 장이 들어서고 우여곡절을 겪으며 1940년 지금의 자리에 양동시장이 들어서게 되었다.

『광주매일신문』에 「우리 땅 '최초' 이야기」를 연재하고 있는 김경수 향토지리연구소장의 글에 보면, "17~18세기 인구 증가와 상업 활동이 세를 누려 오일(五日)장 시스템이 갖춰진다. 현 광주대교와 부동교 자리에 장이 섰고, 장날은 대시가 2·7일이고, 소시는 4·9일이었다. 사직·광주공원 사이 광주천 직강공사로 생긴 새 땅에 1930년대 초 사정(社町)공설시장이 개설됐다. 부영(府營)시장 또는 '향사리장'이라 칭했으며, 이틀마다 장이 섰다. 1940년 샘골 공설운동장 부지로 사정장터가 이설, 천정(泉町) 공설시장이 되고, 해방 후 양동(良洞)시장으로 전개됐다." 등의 소개를 하고 있다.[15] 이해를 돕기 위해 『국내 시장백과』 '광주 양동시장' 편을 요약·정리하면 다음과 같다.

해방 이후 양동시장에는 큰 변화의 바람이 불어왔다. 가장 눈에 띄는 변화는 이름이었다. 과거 '천정공설시장'이라는 일본식 이름에서 양동시장이라는 이름을 얻었다. 양동시장은 시장이 위치한 곳이 양동(良洞)이었기에 자연스레 '양동시장'이 되었다. 상인들의 수도 크게 늘었다. 1950년

---

15 김경수, 「우리 땅 '최초' 이야기」(6) 시장편, 『광주매일신문』, 2021.5.27. http://www.kjdaily.com/1622114405547019223.

한국전쟁 때문에 징병이나 여러 이유로 해외로 나갔던 사람들이 대거 귀국하면서 생계 수단을 마련하기 위해 시장으로 나와 장사를 하는 사람들이 늘어났기 때문이었다. 그렇게 많은 사람이 뒤섞이면서 상인들 사이에 분란이 생기거나 도량형 문제로 상당한 혼란이 발생하기도 했다. 그러나 기존의 사정시장부터 장사를 해오던 상인들의 노력으로 무질서와 혼란은 점차 정리가 되었다.

한반도에 광풍을 몰고 왔던 한국전쟁 이후 1960년대에 들어서면서 양동시장은 안정기에 접어들었다. 일례로 1965년 12월 30일에 발생한 화재로 70동에 이르는 시장 건물이 모두 타버리는 참담한 사고에도 곧바로 피해를 복구하고 시장을 재건할 정도로 저력이 있었다.

또한 1961년, 양동시장 인근에 광주시가 수산물도매시장을 설립해서 1975년 민간에 매각하는 과정에서 양동시장이 수산물 도매 기능을 수행할 정도로 자립적인 힘을 지니고 있었다. 양동시장은 1969년에 새로운 전기를 맞이했다. 광주시로부터 시장부지를 불하받아 민영시장으로 첫발을 내딛었던 것이다. 일제강점기였던 1914년 '시장규칙'에 따라 모든 시장이 관청의 소유로 바뀌었는데, 양동시장 또한 광주시가 관리하는 공설시장 체제였다가 독립을 한 것이다.[16]

1970년대에는 양동시장이 본격적인 도매시장으로서 입지를 다졌다. 1973년 농협 공판장이 인근에 개설되면서 농산물이 양동시장을 경유하

---

16 양동전통시장 상권활성화사업 상권관리기구 편, 『양동전통시장 사람들의 이야기』 통권 제5호,
    2023, 5월호 참고.

여전히 많은 손님으로 붐비는 양동시장 내 점포 ⓒ 심영의

는 관례가 정착되었다. 그해 11월 29일에 '양동시장 주식회사'라는 법인이 생겼다. 이와 같은 이유로 양동시장의 공식적인 개설일이 이날로 정해졌다.

그러나 1990년대에 들면서 양동시장은 큰 어려움과 마주하게 된다. 양동시장의 주요 기능 중 하나였던 농산물 도매 기능이 1991년 북구 각화동에 개설된 농산물도매시장으로 넘어갔기 때문이었다. 또한 1995년부터 롯데와 현대와 신세계백화점이 차례로 광주 지역에 입성하면서 소매시장으로서의 양동시장을 위협하게 된다. 게다가 비슷한 시기에 이마트와 롯데마트 등 대형 할인마트들이 시내 곳곳에 들어서면서 양동시장은 변화의 물결에 생존의 기로에 설 만큼 위태로운 상황이 된다.

2023년 현재 양동시장에는 모두 634개의 점포가 있는데 상인 한 사람이 두세 곳의 점포를 사용하는 경우가 많아서 실제로는 350여 명 상인들이 장사를 하고 있다. 나이 든 노인들의 영세한 노점상은 제외한 숫자다. 판매하는 물품 위주로 상인회가 구성되어 있어서 복개상가를 포함한 모두 7개의 상인회가 있다. 가~라 구역으로 구획되어 있으며, 가와 나 구역에서는 공산품, 다 구역에서는 수산물, 라 구역에서는 채소류를 주로 판매한다. 시장 서쪽은 이른바 '닭전머리'로 불리며 닭과 오리를 판매한다. 호남 제일의 시장답게 여전히 홍어, 낙지, 호남 땅에서 생산되는 온갖 산물들이 이 장을 통해 팔려 나간다.

시장을 찾는 이들은 대체로 나이 든 이들과 업소 운영자들이다. 다만 세월이 흘렀어도 새로운 전성시대를 구가하는 것은 시장 초입 닭전머리의 양동통닭이다. '양동통닭'은 옛날식 튀김 닭을 좋아하는 마니아들의 사랑에 힘입어 많은 사람의 사랑을 받고 있다.[17] 자동차 하나가 겨우 지나갈 만큼 좁은 도로를 사이에 두고 '양동통닭' 건너편에는 '수일통닭'이 영업을 하고 있다. 두 곳은 매장 규모도 비슷하고 줄 서서 구매하는 손님의 수도 비슷하다.

앞에서 서술한 양동시장의 형성과 변천사보다 더욱 중요한 점은 양동시장의 형성과 변천 과정에 개입한 일제강점기 식민 도시화 정책과 식민 권력에 대처하는 조선 상인들의 주체적 투쟁, 일제의 강제력으로도 끝내 바뀌지 않았던 오일장 등에 관한 시장의 장소성의 문제일 것이다. 다시 말하면, 양동시장을 비롯한 지역의 전통시장 형성 과정에는 구조적 식민 지성이 일관되게 작동하고 있는 것을 주목할 필요가 있다. 식민지 조선의 전통시장은 식민지 자본주의의 진전 속에서 점차 구조적 변화를 겪고 있었다. 그 구조적 변화의 특징은, 전통시장의 폭발적 증가, 전체 유통경제에서의 비중 감소, 시장경제화의 진전, 그리고 일본 자본주의를 위한 집산기구화로 요약할 수 있다.[18]

일제강점기 한국 전통시장의 구조는 공영 없는 공영제(모든 시장을 원칙적으로 지방의 공공단체, 즉 행정기관만이 소유하고 경영할 수 있는 시장 공영화 조치가 조선의 전통시장에 대해 실제적으로는 예외로 치부), 시장의 폭증과 상대적 비중 감소, 민족적 분절(재래시장 대 공설시장, 민족적 대립 구조의 축조), 식민지 자본

---

17 지역문화교류호남재단에서 발행하는 온라인판 〈광주역사문화자원스토리텔링〉 자료. http://gjstory.or.kr/sub.html?pid=11&formtype=view&code=46 2023.7.20

18 조형근, 「일제 식민지기 재래시장의 사회사적 분석을 통한 식민지근대성론의 사회변동론적 재구성」, 『한국사회학』 제48집 제5호, 한국사회학회, 2014, 111쪽.

주의적 진전(조선에 진출한 일본 자본, 즉 '유치공장(留置工場)'의 원료 공급 기관화)과 시장 원리의 부정(강제적인 공동 판매와 공동 구매)에 이르기까지 식민지적 구조가 뚜렷해졌다. 자신들이 내세운 자본주의적 시장경제 구조를 발전된 것, 우월한 것, 보편적인 것으로 강조하기 위해서 일제는 조선의 재래시장을 철저히 폄훼했다. 그들이 조선의 재래시장을 묘사하는 핵심적인 키워드는 '원시성'이었다.[19]

식민지 조선인들은 이러한 구조적 규정성 아래서 전통시장에 대한 선호를 지속하였고, 시장을 민족적 사회생활의 중심으로 만들었으며, 저항의 장소로 활용했고, 권리와 의무에 대한 인식과 사회적 공론장으로 발전시켰다.[20] 이 점이 전통시장을 이용했던 당대 조선인들의 장소성이라 할 수 있다.

전통시장에 대한 한국인들의 완강한 선호라는 현상은 이미 일제강점기부터 줄곧 주목되어온 논란거리였다. 이 시기에 전통시장 수는 폭증하였고, 거래량 또한 대폭 상승하였다. 사회경제적 근대화, 즉 수요 밀도의 증가와 교통 체계의 발전과 더불어 재래의 정기시장이 통합되고 상설시장화되면서 수가 줄게 된다는 근대화 이론적 시장이론들[21]에서는 설명하기

19 위의 글, 108쪽.
20 위의 글, 99쪽.
21 Skinner, G. William, "Marketing and Social Structure in Rural China – Part II", *Journal of Asian Studies* 24(2), pp.211~221 ; Hodder, B.W., and U.I. Ukwu, *Markets in West Africa*, Ibadan: University of Ibadan Press, 1969, p.xii ; Fagerlund, V.G., and R.H.T. Smith, "A Preliminary Map of Market Periodicities in Ghana", *Journal of Developing Areas*, 1970, p.336 ; Eighmy, T.H., "Rural Periodic Markets and the Extension of an Urban System: A Western Nigeria Example", *Economic Geography*, 1972, p.313. 조형근, 위의 글, 101쪽에서 재인용.

어려운 현상이 발생한 것이다.[22] 이에 대해 조형근은 "정보 획득이라는 목적과 식민 권력의 억압을 넘어서 농민이 재래시장을 선호하게 된 이유는 재래시장이 조선인들에게 일종의 유토피아, 해방의 공간으로 받아들여지고 있었기 때문"이라고 설명한다.[23] 그 근거로 아래와 같은 자료를 인용하고 있다. "조선에서 시장은 단지 화물 수급의 기관에 그치지 않고, 오락기관의 설비가 결핍된 지방에서는 시장이 민중 위안의 낙천지(樂天地)가 되며, 그들은 시장에서 혹은 친한 벗과 서로 만나 음식을 함께 먹고, 혹은 새로운 보고 듣기를 즐기며, 혹은 시장에서 금융의 편의를 얻는 등, 단순한 조선 사회에서는 시장이 경제, 사교, 오락 등에 모자람이 없는 기관"[24]이었다. 재래시장은 문물의 전파 및 소개에 큰 역할을 수행하는 장소이기도 했다.[25]

이렇게 전통시장은 농민의 일상이 연장되는 공간임과 동시에 그 일상이 단절되는 해방의 공간이었으며, 촌락의 밀도 높은 인간관계로부터 해방되는 공간임과 동시에, 더 넓은 인간관계와 접촉하는 상승의 입구이기도 했던 것이다.[26]

우리나라에서 시장의 발생은 삼한 시대까지 거슬러 올라가지만, 현재

---

22 위의 글, 101쪽.
23 위의 글, 117쪽,
24 朝鮮總督府,『朝鮮の市場經濟』(調査資料 第二十七輯), 京城 : 朝鮮總督府, 1929, 176쪽. 조형근, 위의 글, 101쪽에서 재인용.
25 文定昌,『朝鮮の市場』, 東京 : 日本評論社, 1941, 150~151쪽. 조형근, 위의 글, 101쪽에서 재인용.
26 위의 글, 117쪽.

국내 각 지역에서 흔히 오일장이라는 이름으로 개설되는 장시(場市)가 처음 시작된 것은 15세기 후반으로 알려져 있다. 공식적 기록(『성종실록』)으로는 성종 4년(1473)에 전라도 무안과 나주 지역에서 열린 것으로 보이는데, 처음에 장시가 형성되었을 때는 보름 간격으로 매월 2회 개설되었다.[27] 여기에서 중요한 점은 오일장의 확장과 식민지의 효과적인 통치를 위해 일제가 오일장을 중시한 점이다.

오일장은 18세기 말에 전체 시장의 91.9%(1962개 중 968개)를, 19세기 초에는 전체의 86%(1052개 중 905개)를 넘어서고 있을 만큼 일반 민중들에게는 없어서는 안 될 중요한 생활문화 중 하나로 자리 잡는다. 이에 1913년 10월, 조선총독부 농상공부 상공과가 '시장취체규칙'을 입안하여 관계 기관과 협의를 시작한 이래, 1914년 9월에는 총독부령 제136호로 '시장규칙'을 공포한다.

이 법률 제정은 표면적으로는 무질서하며 위생상·풍기상 문제가 있는 조선의 시장 현상을 개선하기 위한 조처라고 선전되었으나, 그 직접적 목적은 전국적으로 분포하면서 조선인의 생활과 깊숙이 연계되어 있는 오일장을 행정·경찰기구로 하여금 관리·통제하려는 데 있었다. '시장규칙'에 근거한 조선총독부의 오일장에 대한 관리·통제는 조선인들의 일상문화적 공간이자 동시에 정치적 담론의 장으로서 기능을 갖고 있었던

---

27 정경운, 「일제강점기 식민도시화 정책과 오일장 변화과정 : 광주 양동시장을 중심으로」, 『국학연구론총』 제17집, 택민국학연구원, 2106, 154쪽. 오일장의 시작과 관련해서 박선홍 선생은 성종 3년인 1470년으로(『광주 1백년』, 210쪽), 정경운은 성종 4년인 1473년으로 그 시기와 연도를 달리 설명하고 있으나 이 글에서의 주된 관심은 아니므로 굳이 시비를 가리지는 않는다.

공간에 대한 통제였으며, 시장 사용료의 효율적 징수와 관련된 경제적 통제이기도 했다. 동시에 일제강점기 동안 오일장은 조선총독부의 식민 행정 체계와 관련된 토지 및 도시계획, 노로나 철도 등 교통계획 등에 따라 폐지·이전·병합되기도 하고 공영시장화·상설화되면서 오일장으로서 성격을 상실하는 등 식민정책에 직접적으로 영향을 받게 된다.[28]

양동시장은 1980년 5월 민중항쟁과도 깊은 인연이 있다. 광주 도심부는 전남도청 앞 분수대를 기점으로 금남로 1가에서 5가까지 동서로 뻗어 있는 간선도로가 있고 (지금은 사라진) 돌고개를 지나 광주공항과 송정역으로 이어지는 경유지에 양동시장이 자리하고 있다. 1980년 5월 18일부터 도청 앞 분수대 광장에 운집해서 신군부의 쿠데타로 인한 헌정질서의 파괴를 강력하게 규탄하고 군의 폭력적인 진압에 맞서 무장항쟁을 시작한 시민군 일행의 차량 행렬이 양동시장을 지나칠 때, 시장 상인과 인근 주민들이 자발적으로 '주먹밥'을 만들어 시민군들에게 제공하며 응원했던 역사적 장소인 것이다. 특히 상인들은 주먹밥은 물론 봄철에 한창이던 딸기를 시민군들에게 아낌없이 가져다주기도 했다.

광주민중항쟁은 광주시민들을 한데 묶는 공동체 정신을 실제로 구현한 역사적 사건이지만, 당시 양동시장 상인들이 시민군들에게 건네주었던 '주먹밥'은 오늘에도 여전히 대동 세상을 표상하는 하나의 상징으로 남아 있다. 그것은 전통시장에서 다양한 일상용품을 판매하는 시장 상인과 시장에서 일상용품을 구매함으로써 삶을 영위하는 데 있어 불가결한 소비

---

28 위의 글, 155~156쪽.

행위가 가능했던 지역민들이 정서적으로 얼마나 가까운 거리에 있었는가 하는 것을 보여준 하나의 '사건'이다.

2. 대인시장

광주광역시 동구 제봉로 184번길 9-10(대인동 309-6)에 자리한 대인시장에 대해 광주광역시 문화관광 포털 〈오매광주〉에서는 "생선과 건어물, 수산물 거래량이 많은 전통시장"으로 소개한다.[29]

도시 인구에 필요한 물건을 제공하는 상설시장은 그 자체로 고립되어 있기보다는 시장 인근의 인구 변동, 도시의 성장과 발전, 구조화와 재구조화와 밀접한 관련이 있다. 광주광역시 동구에 소재한 대인시장의 성장과 발전 또한 광주광역시의 인구 성장과 도시 개발과 맞물려 있다. 대인시장의 성쇠는 1945년 해방 전후에서 현재까지 광주시의 발달사를 압축하고 있다고 해도 과언이 아니다.[30]

광주광역시의 행정구역이 개편, 분리되어, 전라남도청이 무안군 남악 신도시로 이전하고(1999.7) 광주광역시청이 서구 상무지구에 들어섬에 따라 자연스레 행정관청 및 금융기관 등도 (도청과 시청을 따라) 이전하게 된

---

29 〈오매광주〉, 전통시장-대인시장. https://tour.gwangju.go.kr/home/tour/info/shopping/002.cs?act=view&infold=410&category=002&searchCondition=&searchKeyword=&pageIndex=1&m=269
30 박경섭, 「예술은 시장을 구할 수 있는가? : 광주광역시 대인시장의 사례를 중심으로」, 『민주주의와 인권』 제12권 1호, 전남대학교 5·18연구소, 2012, 91쪽. 도시계획과 관련된 광주의 도시화 과정에 대해서는 박경섭의 글 91쪽 이하를 참고하면 유용하다.

동문다리 입구에서 바라본 대인시장 ⓒ 심영의

다. 구 도청을 중심으로 한 광주의 번화가는 오래된 상권이 쇠퇴하고, 고층 건물의 공동화가 진행되는 등 변화가 이루어지고 있다. 이렇게 지금은 충장로와 금남로가 구도심으로 상권이 쇠퇴해가고 있지만, 충장로와 금남로가 번화가로서 광주시의 중심을 이룰 때 대인시장은 유일하게 시내에 자리 잡고 있어 그 인기와 효용 가치가 컸다.

'시내'에 볼 일이 있어 나왔다가 몇 걸음만 걸으면 대인시장이 있어 겸사겸사해서 장을 보기에 적절한 곳이었다. 시골에서 갓 올라온 온갖 채소와 어물, 건어물은 대인시장을 유명하게 만드는 물산이었다. 대인시장은 광주의 대표적 제수용품 시장이었다. 대인시장은 인근의 계림동, 동명동, 궁동, 장동의 주민들에게 세시풍속과 관혼상제에 필요한 모든 물목들을 공급해왔다. (양동시장에서와 마찬가지로) 대인시장에서 지금도 가장 활발히 거래되는 홍어, 전, 떡 등은 제사상에 오르는 대표적인 상품들이다.[31]

대인시장은 기존 계림시장 상인들과 신규 창업 상인들을 중심으로 1959년 공설시장으로 출발했다. 당시 대인시장 인근에는 광주역(1961년 신축, 현 동부소방서)과 터미널이 있어서 시장과 주변 거리는 왕래하는 인파로 붐비는 곳이었다.

1965년에 농협공판장이 들어서면서 청과물 도매시장으로도 명성을 날렸다. 1976년에는 대인동에 공영버스터미널(현재 롯데백화점 광주점 자리)이 들어서면서 양동시장과 함께 광주 지역의 양대 시장으로 불릴 만큼 규모가 컸다. 1969년까지만 해도 광주역은 현재 동부소방서 부지에 자리했었

---

31 위의 글, 95쪽.

다. 버스터미널은 현재 롯데백화점과 광주은행 본점 부지였다. 또한 광주시청은 현재 계림동 홈플러스 자리에 위치했었다. 그렇게 지리적인 이점으로 60~80년대까지 황금기를 누리던 대인시상은 흔히 웃돈을 쥐야 가게 자리를 얻을 수 있을 정도로 장사가 잘되던 곳이었다. 1965년 당시 90여 개였던 점포는 시장이 점점 확장되면서 300여 곳으로 늘어나기도 했다. 그러나 1990년 중반부터 대인시장의 가게 문들은 하나둘씩 닫히기 시작했고, 영업하는 가게가 점점 줄어들기 시작했다.[32]

1992년 광주광역시의 종합버스터미널 건립 계획에 따라 공영버스터미널이 폐쇄 후 광천동에 유스퀘어가 들어서면서 점차 사람들의 발길이 뜸해지기 시작했고, 주업종인 청과물 유통 또한 1991년 각화동 농수산물시장의 개설로 청과물시장 역할을 많이 잃어버렸다. 시장의 입지 또한 광주의 중심부에 위치하여 주변의 거대 백화점들에 시장 상권을 많이 빼앗겨 도심 공동화 현상의 가중되었다. 급기야 1997년 외환 위기라는 국가적 위기 속에 심각한 침체기를 겪었다. 대인시장의 쇠퇴는 도심 공동화로 인한 유동인구의 감소에도 있지만 도시의 세시풍속이 일상 속에서 사라져가고 관혼상제의 전통이 약화되고 의례가 상업화되는 등 생활양식의 변화 속에서도 찾을 수 있다.[33]

대인시장이 다시 살아나기 시작한 건 2008년 광주비엔날레 기간 진행된 '복덕방프로젝트'가 계기가 되었다. 비엔날레가 끝난 후 광주시는 2009

---

32 김다이 기자, 「〈제보〉대인시장(6) 대인시장의 역사」, 〈시민의 소리〉, 2015.08.26. http://www.siminsori.com/news/articleView.html?idxno=80488.
33 박경섭, 앞의 글, 96쪽.

년 '대인예술시장 프로젝트'란 이름으로 예술가들의 작품과 기존 상인들의 상품을 함께 판매하는 국내 최초의 예술시장을 조성하게 된다. 공방, 갤러리, 카페, 오픈 스튜디오 등이 줄지어 들어서면서 시장이 활기를 되찾았다. 시장을 서민경제의 위기의 장소이자 문화와 전통의 공간으로 파악하는 시각과 태도는 갤러리와 전시 공간을 벗어나려는 예술 활동과 결합된다. 기존의 예술 제도로부터 벗어나려는 예술 활동들은 관객들과 공동체의 삶과 생활과 가까운 예술을 강조한다. 이러한 예술적 활동은 예술이 시민들의 삶의 질을 향상하고 도시 환경 개선에 기여할 수 있다고 파악된다.[34]

　전통시장과 예술의 지속적인 결합은 문화예술가들의 예술의 공공성에 대한 관심, 문화와 전통에 초점을 맞춘 정부의 시장 활성화 정책, 전통시장 상인회의 시장 활성화 모색이 겹쳐지면서 나타났다. 대인시장에 문화와 예술을 입혀 활력을 돌게 하겠다는 프로젝트의 취지에 공감한 광주시와 시장 상인과 젊은 예술가들이 '복덕방프로젝트'를 통해 시장 내 군데군데 비어 있는 상점을 저렴하게 작업실로 활용하면서 예술인촌의 첫 관문이 열렸던 것이다. 비어 있던 점포에 예술작품이 전시되고, 이를 계기로 '예술과 함께하는 시장'으로 변신할 수 있었다. 예술과 시장의 공동 활성화를 목표로 했던 복덕방프로젝트는, 전통시장이라는 생생한 삶의 현장에 대한 이해를 통해 시장과 예술 사이의 소통을 모색했다. 전통시장 상인들과 지역 예술가들의 성공적인 협업을 통해 2008~2009년 대인시장

34　위의 글, 96쪽.

작가협의회 등록 작가 144명, 2015년 입주 작가 33명이라는 성과를 올렸다.

2013년에는 중소기업청 소상공인진흥공단의 공모사업에서 '문화관광형 시장 육성 대상자'로 최종 선정되어 3년간 20억 원의 사업비를 지원받게 됐다. 대인시장 상인회는 2013년 소상공인진흥공단으로부터 '전통시장 장보기 및 배송 서비스 지원사업'(2013), '문화관광형 시장 육성사업'(2013~2015), '공동 마케팅 지원사업'(2013) 등에서 사업비를 지원받아 사업을 수행해왔다. 그러나 대인시장 상인회가 지원받은 사업 대부분에서 보조금 유용이 있었고, 사업 취소와 환수 조치가 잇따르는 등의 불미스러운 일이 발생했다.[35]

대인시장에서 시설과 경영의 현대화 사업이 시장 활성화에 기여하지 못한 이유는 국가의 재래시장 지원이 해당 재래시장의 역사와 특성과 구조에 대한 면밀한 조사와 분석이 부재한 상태로 시장의 시설, 물리적 환경에 초점을 맞춰 진행되었기 때문이다. 대인시장의 쇠퇴와 위기는 전근대적인 경영 기법과 노후화된 시설 때문이 아니라 인구와 교통량 감소로 인한 것이었기에 시설과 경영 현대화를 통해서 해결될 수 없었다.[36]

더 본질적인 문제는 그 이후에 왔다. 어느 도시 구도심에서나 비슷한 문제인 젠트리피케이션(gentrification)이라는 바람직하지 않은 현상이 대인시장에도 들이닥친 것이다. 젠트리피케이션은 낙후된 구도심 지역이 활

---

35 김다이 기자, 앞의 글.
36 박경섭, 앞의 글, 96~97쪽.

성화되어 중산층 이상의 계층이 유입됨으로써 기존의 저소득층 원주민을 대체하는 현상을 가리킨다. 젠트리피케이션은 지주 계급 또는 신사 계급을 뜻하는 젠트리(gentry)에서 파생된 용어로, 1964년 영국의 사회학자 루스 글래스(Ruth Glass)가 처음 사용한 것으로 알려졌다. 글래스는 런던 서부에 위치한 첼시와 햄프스테드 등 하층 계급 주거지역이 중산층 이상의 계층 유입으로 인하여 고급 주거지역으로 탈바꿈하고, 이에 따라 기존의 하층계급 주민은 치솟은 주거 비용을 감당하지 못하여 결과적으로 살던 곳에서 쫓겨남으로써 지역 전체의 구성과 성격이 변한 현상을 설명하기 위하여 이 용어를 사용하였다.[37]

우리나라에서는 2000년대 이후 번성해진 구도심의 상업 공간을 중심으로 한 젠트리피케이션이 진행되어 사회적 관심을 끌었다. 대표적 사례로 홍익대학교 앞이나 경리단길, 경복궁 근처의 서촌, 성수동 등지는 임대료가 저렴한 지역에 독특한 분위기의 카페나 공방, 갤러리 등이 들어서면서 입소문을 타고 유동인구가 늘어났다. 하지만 이처럼 상권이 활성화되면서 자본이 유입되어 대형 프랜차이즈 점포가 입점하는 등 대규모 상업지구로 변모하였고, 결국 치솟은 임대료를 감당할 수 없게 된 기존의 소규모 상인들이 떠나게 되었다.

2008~2009년에는 대인시장 작가협의회 등록 작가 144명, 2015년 입주 작가 33명이라는 성과가 있었으나 2019년 말에 이르면 대인시장 작가

---

37   박근송 외, 「전국 상업 젠트리피케이션 발생요인 분석」, 『대한건축학회논문집』, 제36권 10호, 대한건축학회, 2020, 64쪽.

협의회는 해산하였고, 입주 작가는 고작 5명만 남는 상황이 되었다. 대인시장 예술 프로그램의 창의성과 다양성이 사라져버린 것이다. 대인시장은 전통시장 활성화 사업이 아닌 국비와 지방비가 투입된 '아시아 문화예술 활성화 거점 사업'으로 진행되었고, '대인예술야(夜)시장'은 전국적으로 유명세를 치렀다. 하지만 대인시장이 예술시장으로 활기를 찾아가며 시장 문턱을 낮출수록 높아지는 건 임대료였다. 수익을 노리고 야시장이 열리는 날만 문을 여는 상점들이 생기는가 하면, 점포 수요가 늘면서 임대료도 상승했다. 이에 점점 비싸지는 월세를 감당하지 못해 시장을 떠나는 작가들이 생겨났다.[38] 2023년 현재는 거의 모든 작업실이 다른 곳으로 옮겨가거나 문을 닫았다. 예술가들이 시장이라는 특성을 살려 문화예술인들 간의 네트워크를 활용한 창작과 이를 판매로 연결될 수 있는 시스템이 충분하지 못했던 것도 (젠트리피케이션과 함께) 실패의 주요한 요인이다.

최근 도시 공간은 쇠퇴 지역에서 시작하여 임대료 상승, 둥지 내몰림 현상으로 이어지는 젠트리피케이션의 생애주기가 과거보다 훨씬 짧아졌고, 이로 인한 도시 공간의 장소성 상실과 과도한 임대료 상승, 소상공인들의 상권이 보호되지 않는 문제 등 다양한 사회적 문제들이 야기되고 있다. 따라서 전국의 지자체들은 이러한 가속화된 젠트리피케이션의 속도를 늦추거나 예방하려는 노력을 기울이고 있고, 서울을 비롯한 광역단위

38　김우리 기자, 「'젠트리피케이션' 대인예술시장도 고민 깊어」, 〈광주드림〉, 2016.6.9. http://www.gjdream.com/news/articleView.html?idxno=473660.

의 젠트리피케이션 연구도 2000년대부터 활발하게 진행되어왔다. 초기에는 주거환경 변화에 대한 젠트리피케이션이 더 많이 논의되었다. 그러나 2010년대 이후 국내 연구는 구도심의 상업 공간에서 발생하는 임대료 상승이 야기하는 기존 거주민의 비자발적 이주에 초점을 맞추어 이와 같은 현상을 도시 문제로 바라보고 상업 공간을 중심으로 젠트리피케이션 방지 대책을 수립하는 등, 연구와 제도적 움직임이 진행 중이다.[39]

그런데 일반적인 젠트리피케이션의 경우와는 달리 대인(예술)시장의 사례는 비어 있는 점포를 활용한 예술가들의 창작 활동으로 시장이 활발해지자 이에 따라 점포 소유주 곧 시장 상인들의 임대료 인상으로 예술가들이 시장을 떠난 경우라 하겠다.

이에 대해 상인들의 경우, 시장 활성화에 따른 임대료 상승 곧 젠트리피케이션 현상은 자연스러운 일이라고 본다. 반면에 예술가들은 광주시가 시장상권 활성화를 위해 '야시장' 개최 횟수를 늘리고 예술인에 대한 지원을 줄임에 따라 예술 활동이 위축되는 것이 더 큰 요인이라는 것이다. 시장 상인과 입주 예술가들, 그리고 시 당국의 입장 차가 적지 않은데다, 문제 해결의 한쪽 당사자인 상인들의 경우 상인회 내부에서도 이견이 존재한 탓에 시 당국의 행정력을 기반으로 한 야시장 프로젝트가 전통시장 재생 프로그램 사업의 중심이 되어 있는 게 현실이다.

코로나바이러스(COVID-19)가 기승을 부리면서 일상이 정지되다시피했던 2020년 1월부터 만 2년여 동안 중단하였던 '대인야시장'도 다시 시

---

39   박근송 외, 앞의 글, 63~64쪽.

작되었다. 2023년의 경우에는 7월 23일부터 11월 18일까지 매주 토요일 오후 5시부터 10시까지 '남도달밤야시장'으로 이름을 바꿔 개장하였다. 남도달밤야시장은 시즌제로 나뉘어 2023년의 경우 7월까지 6회, 9월에는 3회, 10월 4회 11월 2회 등 총 15회에 걸쳐 운영하는 것으로 안내되어 있다. 전통시장에서 개최되는 행사여서 시민들은 다양한 음식을 맛보며 판소리와 락, 그리고 컨트리밴드 등의 음악 공연을 관람하는 즐거움을 누릴 수 있다. 다만 찾는 이가 많지 않고 그것이 시장의 활성화에는 거의 도움이 되지 않는 것으로 보인다.

최근에는 오래된 대인시장 인근 주거단지에 대한 재개발이 활발하게 이루어지고 있고, 이에 따라 시장을 이용하는 주민들도 점차 늘어나고 있다. 시장에서는 생선과 건어물을 비롯한 수산물 거래가 많이 이루어지고 있으며, 횟집도 많이 생겼다. 예전부터 판매하고 있던 양품점과 포목 비단을 파는 가게도 많고, 미곡상과 젓갈을 판매하는 가게도 사람들의 발길이 꾸준하게 이어지고 있다. 대인시장은 소멸하지 않고 여전히 인근 주민들이 쉽게 찾는 전통시장으로 남아 있다. 대인시장도 자체적인 재개발 준비 과정에 있다. 인근 주민의 증가와 함께 시장의 재개발이 이루어지고 나면 예전의 활기를 되찾을 수 있을 것으로 기대된다. 다만 예술가들은 대부분 시장을 떠났고, 그래서 예술이 전통시장을 살릴 수 있는가 하는 근본적인 질문에 충분한 답을 제출하지 못하고 있는 현실에서 더 이상 '대인예술시장'으로 부르기에는 마땅치 않아 보인다.

3. 송정시장

1988년 광산군이 광주시로 편입됨에 따라, 같은 해 자치구로서 광산구가 신설되었다. KTX 광주송정역을 중심으로 '1913송정역시장'과 '송정매일시장' 그리고 '송정 5일장' 등 전통시장이 활발하게 개장되어 있다. KTX 광주송정역은 목포와 용산에서 출발하는 KTX를 포함한 호남선과 경전선 등 모든 열차가 정차하는 역으로 광주의 관문이다. 오랫동안 광주의 관문 역할을 했던 광주역이 KTX가 정차하지 않는 바람에 그 기능을 상실할 정도로 KTX 광주송정역은 매우 중요한 교통의 요지다.

현재의 전라남북도와 광주광역시를 포함하는 '호남' 지방은 비옥한 평야의 곡창지대인 동시에 긴 해안선이 있어 수산자원이 풍부한 곳이다. 대전광역시 대덕구 대전조차장역과 전라남도 목포시 목포역 사이를 연결하는 호남선은 일제강점기인 1911년에 시작하여 1914년에 완성되었다. 2004년 4월 전철화가 완료되었으며 고속열차(KTX)가 운행하기 시작하였다. 광주송정역은 전라북도 익산을 거쳐 종착지인 전라남도 목포로 가는 경유지로 광주광역시의 관문 역할을 하는, 오래되고 중요한 역이다.

1910년대에 호남선이 개통되면서 송정리역을 중심으로 도시가 형성되기 시작하였다. 1935년 광산군이 생기면서 이에 편입되었고, 1937년에 읍으로 승격되었다가 1986년에 시로 승격되었다. 그 뒤 1988년 광산군이 광주직할시에 편입되면서 광산구에 속하게 되었다. 송정은 6·25전쟁으로 이곳에 비행장이 건설되고 각종 군부대가 들어서면서 군사도시로서의 성격도 띠게 되었다. 송정리역은 지난 1913년 10월 1일 호남선 개통 이후

위- KTX 광주송정역 ⓒ 심영의
아래-광주 지하철 1호선 송정역사 내에 있는 국악인 임방울 전시관 내부 ⓒ 심영의

96년 만에 2009년 4월 1일 '광주송정역'으로 역 이름을 바꿨다.[40]

인근에 있는 광주공항이 김포와 제주 노선만 운행되고 2007년 국제선이 무안공항으로 그 기능이 옮겨가고 함께 있는 공군 전투비행장을 다른 곳으로 이전하는 문제가 복잡하게 얽혀 있는 등 교통수단으로서의 역할에 한계가 있는 점과 관련하여 KTX 광주송정역은 더욱 중요한 장소다. 광주 도시철도 1호선 송정리역이 2008년 4월 11일 평동까지 연장 개통되어 이용률이 급증하는 등 유동인구가 많아서 광주송정역 일대는 항상 교통이 혼잡스럽다. 다행히 2023년 현재 7층 규모의 주차빌딩을 증축하여 주차난은 상당할 정도로 해소되었다.

광주 지하철 1호선 송정역사 내에는 광산이 고향인 국악인 '임방울 전시관'이 있다. 1904년 광산구 도산동에서 태어난 임방울 선생은 판소리 명창이다. 본명은 임승근(林承根)이다. 판소리 명창 김창환의 생질이자, 판소리 명창 김봉이, 김봉학 형제의 외사촌 동생이다. 14세 때 박재현 문하에서 〈춘향가〉와 〈흥부가〉를 배웠고, 유성준에게 〈수궁가〉, 〈적벽가〉, 〈심청가〉를 익혔다. 판소리 다섯 마당에 정통했다. 특히 〈춘향가〉 중 〈쑥대머리〉는 인기가 많아서 우리나라와 일본, 만주 등에서 음반 레코드가 120만 장이나 팔리는 전설적인 기록을 남겼다. 국악 신동, 국악 아이돌이었던 셈이다.

임방울은 화려한 무대보다 시골 장터나 강변의 모래사장에서 나라 잃

---

40 한국학중앙연구원, 〈한국민족문화대백과〉, '송정(松汀)' 항목. https://terms.naver.com/entry.naver
?docId=558534&cid=46618&categoryId=46618.

1913송정역시장 ⓒ 심영의

은 민족의 설움과 한을 노래한 음유시인이었다. 전통 판소리 전승에 기여한 공로로 '대한민국 국악상'을 수상하였고, 57세의 나이인 1961년 갑자기 작고하자 우리나라 처음으로 '국악인장'을 치렀다. 2005년엔 탄생 100주년을 기념하는 공연이 서울 국립극장과 KBS홀, 그리고 예술회관 등에서 열렸다. 해마다 임방울 국악제 전국대회가 열리는데 2023년엔 제31회로 9월 5~18일까지 열린다.[41]

송정역 바로 건너편에 '1913송정역시장'이 있다. 시장의 이름 앞에 1913년이 붙은 것은 호남선 가운데 목포와 송정리를 잇는 구간이 개통된 해를 가리킨다. 시장 또한 그때 개시되었다는 역사성을 드러내기 위함이다. 1910년대에 형성되어 KTX 광주송정역과 명맥을 함께한, 100년 역사를 가진 전통시장이다. 1913송정역시장은 오랜 역사를 지닌 데다 송정역과 가까운 지리적 이점에도 불구하고 상가 노후화와 유동인구의 부재로 급격히 쇠퇴하였다. 2015년 5월부터 도시재생사업의 일환으로 민관 협력을 통해 전통시장 활성화 프로젝트를 진행하여 2016년 4월에 재개장하여 활성화되었다.

기존의 정부 지원금을 기반으로 한 전통시장 활성화 사업은 비전문적인 사업 전략을 바탕으로 낙후된 시장 외부 시설을 현대화하는 하드웨어 위주의 개선 사업이나 일회성 행사 개최 위주 사업이었다면, 송정역시장 재생 사업은 쇠퇴한 전통시장 공간에 대한 새로운 이미지를 만들어내는 공간 만들기 개념을 적용하였다. 1913송정역시장 활성화 사업 전후 비교

---

41   사단법인 임방울 국악진흥회 홈페이지. http://imbangul.or.kr/index.htm?file=doc2_01.

를 보면 정비된 상가 수가 사업 이전보다 19개가 늘었으며, 일 평균 방문객 수가 20배 이상 급증하였다. 특히 젊은 상인들의 입점으로 시장 내 상인들의 평균 연령은 16세나 낮아졌으며, 평균 매출도 승가하였다.[42]

한편 1913송정역시장은 재개장 이후 관광형 시장으로 변화가 시작되면서 '맛있는 1913송정역시장'으로 특성이 바뀌었지만, 증가한 방문객의 대부분이 생활권 내의 거주자가 아니라 외부 방문객이라는 사실로 인해 인해 새로운 음식점들이 증가했다. 신발이나 커튼을 취급하던 상가들이 폐업함에 따라 기존의 생활물품을 거래하는 시장으로서의 정체성이 점차 퇴색되고 1회성 방문객들이 즐겨 찾는 '먹자골목'으로 변화하였다.[43] 특히 양지머리와 사골을 같이 끓여서 만든, 우리 전통음식이며 서민들이 즐겨 찾았던 '국밥'을 파는 가게가 유난히 많은 것도 전통시장으로서의 한 특징이다. 까닭은 인근에 오래전부터 송정역이 있었고 그만큼 왕래하는 발길이 많았던 데서일 것으로 짐작된다. 광주 지역에는 전통시장은 물론이고 음식점이 있는 골목마다 국밥집이 없는 곳이 드물다. 그만큼 서민들이 즐겨 찾는 음식이 국밥이다.

소상공인진흥공단과 1913송정역시장 홈페이지 자료에 의하면 약 50개여 점포가 운영되고 있는 것으로 나타났다.[44] 시장 입구에 공영주차장 신설과 지역상권 활성화 프로젝트 영향으로 지역 내 방문객들과 타 지역 관

---

42 정소연 외, 「전통시장 도시재생사업의 젠트리피케이션 영향 연구 : 광주광역시 1913송정역시장을 중심으로」, 『도시재생』 제7권 3호, 2021, 51쪽.
43 위의 글, 52쪽.
44 송정역시장 홈페이지. https://1913songjungmarket.modoo.at/?link=4sqiq86u 1913.

송정매일시장 ⓒ 심영의

광객들의 비율이 증가하고 있는 추세이다. 광산구청사를 중심으로 20여 개의 떡갈비집들이 있다. 돼지고기와 쇠고기를 버무린 고소한 맛의 떡갈비집들은 송정역 인근의 국밥집들과 함께 유명하다.

본디 광산구는 영산강과 황룡강 유역에 있어 강이 흐르며 일구어놓은 넓은 들판에서 농업이 성행했고, 강을 따라 형성된 수로를 이용해 시장이 형성되었다. 이 지역은 조선 시대에 본격적으로 시장이 처음 개설된 영산 강 유역에 위치하고 광주와 나주로 가는 길목이기 때문에 오래전부터 시장이 형성되었다. 처음 개설된 시장은 조선 시대에 나주로 가는 길목에 있던 선암역 주변의 '선암장'이었다. 선암장은 일제강점기에 들어 수로 교통이 쇠퇴하고 철도를 이용한 물류가 대체하면서, 인근에 있는 송정시장에 자리를 내주고 뒤로 물러났다. 송정리역 주변에서 개시된 송정시장은

용아 박용철 생가 ⓒ 심영의

일제강점기 때부터 1980년대까지 미곡을 중심으로 활발하게 거래했고, 지금까지 이 지역의 대표 시장으로 자리매김하고 있다.

송정시장은 인근의 1913송정역시장 등과 함께 2014년 문화관광형 시장으로 선정되며 '송정삼색시장'으로 이름을 바꾸었다. 기존에 송정 5일 장 그리고 송정매일시장으로 알고 있던 이들에게는 그 이름이 다소 생소한 편이다.

아무튼 '송정삼색시장'은 개설된 지 100년이 넘는 송정시장의 명맥을 이은 유서 깊은 전통시장이다. 농산물을 중심으로 해산물, 젓갈, 철마다 바뀌는 과일들이 거래된다. 다만 송정 5일장은 비어 있는 상가가 많고 점차 퇴락해가고 있는 추세다.

송정역에서 가까운 거리에는 1986년 광주광역시 기념물로 지정된 용아 박용철(1904.6.21~1938.5.12) 생가가 있다. 1930년대『시문학』지를 발간해서 이 잡지 1호에 그의 대표작이라고 할 수 있는「떠나가는 배」,「밤 기차에 그대를 보내고」등을 발표했다. 뿐만 아니라 영랑 김영식 등의 시 창작 활동을 적극적으로 후원했던 시인이자 순수시 운동을 했던 이 고장 출신의 작가다. 영랑의 경우 그의 고향인 전남 강진에 '시문학파기념관'을 만들고 해마다 그의 문학을 기리는 다양한 행사를 하는 것에 비교하면 용아의 경우 지나칠 만큼 관심이 덜하다고 할 수 있다.

그의 시「떠나가는 배」는 "나 두 야 간다/나의 이 젊은 나이를/눈물로야 보낼거냐/나 두 야 가련다…"로 시작하는데, 순수한 서정 세계를 소박하게 드러내는 것을 특징으로 하는 그의 시 세계가 이 시에서도 시적 화자 자신의 내면을 숨김없이 토로하여 독자들에게 소박한 감동을 주고 있다

남광주시장 ⓒ 심영의

는 평가를 받는다.

4. 남광주시장과 상무 금요시장

광주시 동구 학동에 위치한 남광주시장은 옛 남광주역이 있던 곳에 자연적으로 형성된 시장이다. 남광주역은 1930년 12월 25일 신광주역으로 영업을 시작해서 1938년 4월 1일 남광주역으로 이름을 변경하였다. 본래 남광주역 앞에서 여수, 벌교에서 기차(경전선)를 이용하여 어민들에 의해 운반된 수산물이 노점상에 의하여 거래되곤 했다. 점차 다양한 물건이 들어오고 소비자들이 늘어남으로써 1975년 남광주 건어물시장이 개설되어 광주 지역의 수산물 유통시장의 역할을 해왔다. 2000년 8월 10일 경전선이 광주 외곽으로 이설함에 따라 역은 폐지되고, 역의 기능은 서광주역으로 넘어갔다. 남광주역이 폐지되면서 물류 기능의 약화로 급격한 시장 환경 변화가 일어나고 있는 지역 중 하나가 되었다. 철로는 푸른 길 가꾸기 운동을 통해 지역주민들의 산책길로 조성되었다.

남광주역은 곽재구의 시 「사평역에서」의 공간적 배경이기도 하다. 곽재구는 "막차는 좀처럼 오지 않았다"로 시작하는 「사평역에서」를 통해, 오지 않는 막차를 기다리는 쓸쓸한 기차역 대합실의 정경을 묘사하면서, 고향으로 돌아가는 가난한 사람들의 고단한 삶과 추억, 아픔을 함축적으로 나타내고 있다. 시인은 눈 오는 겨울밤, 막차를 기다리며 톱밥 난로에 사람들이 옹기종기 모여 있는 남광주역 대합실의 모습을 보고 시에 대한 영감

남광주시장 수산물거리. ⓒ 심영의

을 얻은 것으로 알려졌다.

　1980년 5·18을 경험한 동시대의 지역민들에게 그의 시가 주는 울림이 남다른 까닭은 시에 드러난 정서에 대한 공감과 함께 특히 사평역으로 그려진 남광주역 인근에 위치하고 있는 전남대병원과 기독교병원, 적십자병원 등이 5·18민중항쟁 때 총상 등을 입고 실려온 시민들의 응급처치가 이루어졌던 장소성과 긴밀하게 연결되기 때문이기도 하다.

　시장 바로 건너편에 1910년 직원 열 명의 전남광주자혜의원으로 개원해서 1952년 전남대학교 의과대학 병원으로 개칭한 이래 2023년 현재 5천여 명의 직원들이 일하는 113년의 역사를 가진 지역 거점 병원이 있다.

또한 시장 주변에 조선대학교 의과대학 부속병원, 조선대학교, 조선대 부속중학교 등이 위치하고 있어 인구밀도가 높고 왕래하는 사람들의 발길이 매우 많은 혼잡한 곳이다.

남광주시장은 온갖 해산물과 채소가 홍수를 이루었던 시장으로, 지금도 규모는 작지만 싱싱한 수산물과 채소류가 많이 판매되고 있다. 송정역시장의 먹거리가 전통 국밥 위주라면 남광주시장엔 횟집이 많은 것이 특징인데, 까닭은 남광주시장이 온갖 해산물과 수산물의 교환이 이루지는 장소이기 때문이다.

서구 상무지구(치평동)에서 금요일마다 여는 상무 금요시장은 전통시장

남광주시장 국밥거리. ⓒ 심영의

광주시 서구 상무지구 내에 조성된 상무시민공원과 5 · 18자유공원 ⓒ 심영의

은 아니지만 노점상으로 이루어진 도심 속 비상설시장이다. 서구 상무지구는 본래 전투교육사령부를 비롯한 보병, 포병, 통신병과 학교가 설치되었던 군 교육시설이 들어선 곳이났다. 1980년 5 · 18항쟁 때 계엄분소가 운영되었던 곳이고, 상무대에는 군사법정과 항쟁에 참여했던 시민과 학생들을 구금 수용하였던 헌병대 영창이 있었다. 5 · 18 국가 배상 차원에서 광주시에 부지를 제공하고 상무지구라는 신시가지를 조성했다. 상무대는 1994년 12월 전라남도 장성군 삼서면으로 옮겨갔다. 영창이 있던 자리에는 모형으로 영창을 만들어 전시하고 있고, 영창을 포함한 일대를 '자유공원'으로 이름 짓고 항쟁의 역사를 기록하고 있다.

　과거의 사건이나 인물을 사회적으로 기념하는 행위는 집합적으로 과거의 경험을 현재 속에서 적극적으로 재구성하는 과정이다. 기념 공간을 조성하고 기념물을 건립하는 것은 기념의 중요한 방식 중 하나다. 기념물은 과거의 사건이나 그에 부수되는 의미 체계가 가시적인 물체로 형상화된 것으로 그 속에는 역사적 경험에 대한 집합적인 해석이 담겨 있게 마련이다. 따라서 기념물은 과거사에 대한 집합적 해석이 형상화된 문화적인 상징물로서 특수한 시공간 내에서의 역사 인식을 반영한다.[45]

　광주 · 전남 지역에 조성된 5 · 18 기념 공간은 5 · 18광주민중항쟁을 기념하기 위해 조성된 공간이다. 광주 시내 29개소 사적지 중에서 '상무대 옛터'는 5 · 18 항쟁과 관련하여 투쟁과 집단기억이 높게 나타나는 장소이다. 5 · 18 항쟁 기간에 계엄사령부가 있었던 상무대는 시민수습대책위원

45　박명규, 「역사적 경험의 재해석 상징화」, 『사회와 역사』 제51권, 한국사회사학회, 1997, 41~42쪽.

들과 시민군 대표들이 여러 차례 드나들면서 군 수뇌부와 협상을 벌인 장소다. 시민군들이 '계엄 해제', '구속자 석방' 등을 요구하면서 상무대 정문을 향해서 행진하다 저지당하기도 했던 징소이다.

무엇보다 상무대 내 헌병대 영창은 5월 17일 밤에 광주 지역에서 예비 검속된 10여 명의 시민과 항쟁 직후 붙잡혀 온 시민 3천여 명이 무자비한 고문과 구타를 당하면서 오랫동안 구금되었던, 인권이 철저하게 유린당한 곳이다. 그럼에도 불구하고 상무대 옛터를 국가가 무상으로 양도한 공간이 도시계획으로 인해 축소되고 자유공원과 시민공원 두 곳으로 공원이 분리 조성되었다. 가장 중요한 역사적 공간인 법정과 영창 등이 본래의 자리에서 이전하여 고유한 장소성이 훼손되는 문제점을 그대로 노정하고 있다.[46]

상무 금요시장은 상무시민공원 입구에 금요일 오전 5시부터 밤 11시까지 개장된다. 2005년 무렵부터 상무지구 내 '상무쇼핑프라자'를 중심으로 도로변에서 과일 등을 파는 노점상들이 하나둘 생기기 시작했다. 중흥아파트와 한국아파트를 지나 금호대우아파트로 이어지는 도로에서 장사하던 노점상들이 점차 늘어가면서 교통사고의 위험과 함께 인근 상가 상인들의 항의가 이어지는 문제가 생겼다. 노점 상인들 간에도 노점 공간을 둘러싼 상호 이해 대립이 있으나, 특히 점포를 소유하거나 세를 얻어 영업하는 소규모 상인들과 노점상은 서로 이해가 충돌하는 가장 첨예한 갈

---

46 정현애, 「상무대 옛터의 5·18기념공간화 과정에 대한 검토」, 『지방사와 지방문화』 제20권 2호, 역사문화학회, 2017, 286쪽.

등 관계에 있다.

이에 서구청에서는 2016년부터 상무시민공원을 가로지르는 중앙도로를 활용해서 매주 금요일에만 노점을 하도록 허용했고, 그리하여 현재 상무 금요시장에서는 얼추 200여 개소의 노점이 과일과 채소와 수산물은 물론 담근 김치와 돼지족발과 튀김류 등의 먹거리와 속옷과 양말, 꽃과 나무 등 다른 전통시장에서 판매하는 생활에 필요한 온갖 물품을 판매하고 있다.

1960년대 이후 경제개발은 이농과 인구의 도시 집중을 가져왔고, 도시 인구를 흡수할 수 있는 공식적인 고용 창출의 한계로 인해 상당수의 도시 빈민이 발생하게 된다. 여러 가지 제약 조건으로 공식 부분에 취업하지 못한 이들 도시 빈민 중 상당수가 당장의 생계를 위해 노점상에 종사하는 경우가 많아졌다.[47]

어느 도시에서나 노점상과 관련한 갈등은 현재 진행형이라 할 수 있다. 전반적인 거리 환경의 악화에 대한 우려, 조리하여 판매하는 식품의 비위생적 처리, 공간의 독점 등의 부정적 요인이 여전히 존재한다. 그러나 자구적 생계 활동-사회 안전망의 역할을 하고 있다는 점에서 노점상의 존재를 비가시화하기는 어려운 문제를 내포하고 있다. 그동안 노점상에 대한 반복적인 단속과 철거와 재영업의 악순환 속에서 거리 미관과 시민들

---

47 김영기, 「전통시장 및 인접구역의 생계형 노점상 관리방안에 관한 연구」, 『유통연구』 제15권 5호, 한국유통학회, 2010, 156쪽.

광주시 서구 상무지구 시민공원 입구에서 금요일마다 열리는 상무 금요시장 ⓒ 심영의

의 안전한 보행권, 저소득층의 생계에 대한 보장 등의 문제가 복합적으로 얽혀 오랫동안 논란이 거듭되었던 문제였다. 그러나 서구청과 노점상인 늘 사이의 일정한 타협과 양보의 산물로 마련한 상무 금요시장의 개장은 모범적인 도시 문제 관리의 한 사례로 손꼽을 만하다.

상무 금요시장의 노점상에서 판매하는 물품 앞에는 그것이 무엇이든 가격표가 제시되어 있어서 판매 가격에 대한 불확실성이 제거되고 있는 점이나 어느 정도 가격 흥정이 가능한 점(가격 흥정보다는 덤으로 주는 경우)도 노점 이용 소비자의 만족을 높이는 요인이다.

시장을 이용하는 사람들은 상무지구에 거주하는 사람들이 대부분이다. 하지만 좀 더 먼 곳에서도 상무 금요시장의 노점상에서 판매하는 물품들이 대형 마트보다 상대적으로 가격이 저렴하다는 이유로 즐겨 찾고 있다. 이곳에서 장사를 하는 노점상들은 다른 요일에는 말바우시장이나 송정시장 등으로 옮겨 다니며 장사를 한다. 상무 금요시장은 노점을 통해 생계를 이어가는 도시 하층민들에게 삶의 터전이라는 장소성을 부여한다. 소비자의 입장에서 다소 불편한 점은 주차 공간이 충분하지 못한 것과 대부분의 노점상에서 신용카드 이용이 가능하지 않은 점인데, 채소와 생선 등판매하는 물품이 신선하고 가격이 비교적 저렴한 것을 고려하면 감내할 수준이다.

이처럼 상무 금요시장의 노점 상인들과 소비자들의 안정적인 거래가 지속할 수 있는 것은 서로 간의 연결망이 튼튼하기 때문으로 볼 수 있다. 품질 대비 가격에 대한 신뢰와 아무런 부담을 갖지 않고 쇼핑할 수 있는 점, 늘 그 자리에 있는 상인들과의 친밀감 등이 복합적으로 작용하고 있

말바우시장 ⓒ 심영의

는 것으로 이해된다. 일종의 풍물적인 요소 곧, 보고 즐기면서 소비하는 문화적 체험 장소로서의 기능도 노점상만의 가치일 것이다.

5. 말바우시장과 서방시장

광주 북구 동문대로 85번길 62(우산동 234)에 주소지를 둔 말바우시장은 서구의 양동시장과 더불어 가장 규모가 큰 재래시장으로 꼽히는 유서 깊은 전통시장이다. 1950년대부터 형성된 말바우시장은 2 · 4 · 7 · 9일로 한 달에 열두 번 서는 정기시장이다.

시장 명칭인 '말바우'의 유래에는 어원에는 다음과 같은 설이 있다. 곧,

임진왜란 때 무등산을 배경으로 활약했던 광주 출신 의병장 김덕령 장군이 말을 훈련할 때, 뛰놀던 말이 도착한 장소라는 것이다. 활을 쏜 다음 말을 타고 화살보다 빠르게 달렸는데 그때 말이 얼마나 힘껏 바위 위로 발굽을 내디뎠던지 바위가 말발굽 모양으로 속으로 푹 꺼져 들어가 우묵하다고 해서 '말바우'라는 이름이 붙여졌다. 이 말바우 주변에 시장이 형성되면서 말바우시장이라고 자연스레 불리게 되었다는 것이다.[48]

현재는 그 '말바위'는 없어지고 건물들이 들어섰는데, 그 건물 사이 골목을 중심으로 장터가 형성되었다. 2005년 광주시 북구청으로부터 인정시장으로 등록되어 담양, 장성, 곡성, 순창 등에서 찾아올 정도로 전통과 명성이 깊은 북구의 대표적인 전통시장이다. 무엇보다 먹거리가 풍부하다. 단점은 다른 전통시장과 마찬가지로 주차 시설이 부족하다는 점이다. 1970년대 이후 비교적 가까운 거리에 있는 서방시장 등은 밀집한 점포들로 이루어진 상설시장으로 변모했다. 그러나 말바우시장은 농산물의 직거래라는 특징이 강화되어 2·4·7·9일 장이 서는 날에는 상설 점포와 노점상들이 어우러지는 매우 활발한 분위기가 여전하다. 말바우시장의 주 고객은 주로 북구 지역에 사는 주부들이다. 대형 할인매장보다 저렴하거나 싱싱한 반찬거리와 채소와 과일 등이 소비된다. 국밥을 비롯한 다양한 먹거리도 사람들의 발길을 사로잡는다.

장이 서는 날엔 여전히 붐비지만, 말바우시장은 1998년 기업형 대형할인마트인 이마트가 들어선 이후 기존 상권의 변화, 인접 주민들의 소비

---

48 말바우시장 홈페이지 참조. https://malbawoomarket.modoo.at/?link=fgsqtuq3.

행태의 변화, 상인들 간 경쟁의 격화와 같은 변화에 직면했다(2023년 현재 이마트는 문을 닫았다. 애초에 상대적으로 크지 않은 규모였고 입지가 좋은 편은 아니었다. 홈플러스는 광수 지역에서는 큰 성과를 내지 못하는 대형 마트인데 말바우시장 인근에 있는 점포는 안정적인 매출이 이루어지고 있다.). 특이한 점은 서방시장은 점차 쇠퇴해간 반면 말바우시장은 상대적으로 활발한 소비가 이루어지는 점이라 하겠다. 2023년 현재 500여 개의 점포와 900여 개의 노점으로 구성된 정기시장인 말바우시장은, 상인들에게는 생을 영위하는 중요한 수단이, 시장을 이용하는 인근 주민들에게는 온갖 풍물을 여유 있게 구경하면서 필요한 생활용품을 비교적 저렴하게 구할 수 있는 상생의 장소가 되고 있다.

광주 북구 풍동길 10번길 12(풍향동 606-7)에 주소지를 둔 서방시장도 북구의 오래된 전통시장이었다. 광주와 담양을 잇는 도로변에 자리를 잡고 있어 전남 북부 지역 농산물과 임산물이 많이 거래되면서 시장이 형성되었다. 1955년 광주시에 편입되기 이전까지 광산군 서방면에 속해 있어서 '서방'이라는 지역명에서 유래되어 서방시장으로 불렸다. 광주 시내에서 유일하게 미곡을 전문으로 하는 장으로, 미곡이 정부의 양곡 허가 제도 아래에 있던 1970년대 초반에서 1973년까지 호황을 누리며 얼마 동안 명맥을 유지했다. 그러다 주변 지역이 주택단지로 바뀌게 되고 쌀의 자급으로 서방시장은 일반 생필품을 주로 판매하는 소매시장으로 점차 전환되었다.

광주 최초의 '싸전' 서방시장이 문을 연 것은 1966년으로 알려져 있다. 1967년과 1968년 전라남도 지역을 강타한 가뭄으로 쌀값이 폭등하자, 전

서방시장.
시장으로서의 기능을
잃은 듯 대부분의
점포가 문을 닫았다.
ⓒ 심영의

라남도 인근의 농민들이 쌀을 팔아 생필품이나 잡곡으로 바꾸면서 활기를 띠기 시작하였다. 당시에는 주변이 온통 논밭이었던 시절에 미곡상을 중심으로 점포가 100개 정도 되던 큰 시장이었고, 양동시장과 대인시장에 이어 광주에서 세 번째로 큰 시장이었다. 1968년에는 2 · 4 · 7 · 9일에만 장이 서는 형태였고, 정식 가게로 입주해 있던 미곡상 몇 곳만 매일 장을 열었다.[49]

서방시장은 1970년대 말까지만 해도 제법 번창한 시장이었다. 1960년대 후반에 서방시장에서 노점상을 하던 상인들이 단속에 밀려 지금의 광주동신고등학교 언덕 아래에 자리를 잡은 말바우시장이 규모가 커지고, 1980년도부터 조금씩 쇠락하다가 근처에 이마트 동광주점이 생기면서 완전히 규모가 줄어들었다. 서방시장의 사실상의 소멸은 유동인구의 감소가 더욱 결정적인 요인이라 하겠다.

호남전기(로케트전기)가 이전해가고 같은 학교재단에 속한 광주상고 광주여상, 동성중, 동성여중 등이 옮겨가는 등 도심 인구의 이동이 자연스럽게 상권의 축소를 가져왔다. 학교 이전 부지에 아파트단지가 들어섰으나 이마트의 개점과 주차 시설 등의 미비 등 변화하는 소비시장 상황에 대응하기에 역부족이었다. 대로변에 있는 점포들을 제외한 시장 안쪽 길에 자리한 점포들은 대부분 폐점되는 등 서방시장은 오랜 전통시장으로서의 면모를 잃고 말았다. 옛 호남전기 부지와 인근 지역이 재개발됨에

---

49 광주광역시 디지털광주문화대전 홈페이지 서방시장 편 참조. http://www.grandculture.net/gwangju/toc/GC60002527.

따라 대규모 아파트단지가 들어서고는 있으나 서방시장에서 영업을 하던 상인들도 말바우시장으로 많이 옮겨간 것으로 파악될 만큼 이제 서방시장의 명성은 사라진 것으로 보인다. 2023년 여름 필자가 방문한 서방시장은 대부분의 점포가 문을 닫아 을씨년스러운 풍경이었다.

서방시장의 쇠퇴와 달리 여전히 많은 사람이 찾는 말바우시장의 존속에는 여러 요인이 있다. 유동인구가 상대적으로 많은 것도 주된 요인이다. 서방시장이 점포 위주의 상가여서 높은 임대료 등의 유지 비용도 만만치 않은 데 비교하면 애초 노점상 위주로 시작했던 말바우시장은 유지비용의 측면뿐 아니라 가격 탄력성의 측면에서도 2000년대 초에 인근에 들어선 대형 할인마트인 홈플러스와의 경쟁에서도 일정한 대응이 가능했다. 또한 상당히 많은 거래 품목을 거래하고 있는 점도 여전히 활발한 전통시장의 모습을 유지하는 주된 요인이다. 채소, 곡물, 한약재, 생선과 육류 등의 식재료는 물론 잡화와 의류 등 일상적 소비에 필요한 상품들이 많은 점도 서방시장과 달리 건재한 요인이라 할 수 있다. 2023년 여름 현재 약 500개의 점포가 문을 열고 있었다.

문제는 점포를 가지고 있는 상인들과 노점상인들 사이의 오랜 갈등이 내연하고 있는 점이다.[50] 말바우시장은 점포를 가지고 있는 상인들의 상설시장과 장날에만 나오는 노점상인들로 구성되어 있다. 노점상들로 인해 차도는 물론 인도가 매우 혼잡한 것도 그것이 하나의 풍물이기도 하지

---

50 홍성흡, 「유통시장의 새로운 분화와 중소상인의 대응 : 광주 말바우시장의 사례를 중심으로」, 『비교문화연구』 제8권 2호, 서울대학교 비교문화연구소, 2002, 100쪽.

만 개선되어야 할 문제로 보인다.

　제1부에서는 광주 지역의 여러 전통시장 중에서 100년의 역사를 지닌 서구의 양동시장과 동구의 대인시장과 남광주시장, 북구의 말바우시장과 서방시장, 광산구의 송정역 시장을 대상으로 전통시장의 형성과정과 변천사를 일별했다. 전통시장은 아니지만 금요일마다 장이 서는 상무 금요시장도 주목했는데, 까닭은 도시 빈민으로 구성된 노점상의 생계를 유지하는 장소로서 유의미하다고 보았기 때문이다.

　시장은 생산자, 판매자, 구매자가 물건과 상품을 교환하는 상대적으로 자율적인 공적 공간이다. 15세기 조선에서 시장이 자연발생적으로 등장했고, 조정과 관료들은 이러한 시장을 불안한 사태라고 인식했음에도 불구하고 임진왜란 이후 시장은 지속적으로 확대되었다. 이렇게 확장된 시장은 '장' 혹은 '시'로 불렸고, 식민지 통치 시기에는 매일시장과 정기시장으로 분류되었다가, 현대적 소매유통 시설이 등장함에 따라 재래시장으로 불리다가 2000년대에는 '전통시장'이 되었다. 농촌과 시골을 배후지로 삼았던 정기시장과 도시의 발달에 따라 등장했던 상설시장은 1990년대에 쇠퇴를 겪고 위기에 처하기 시작했다.[51]

　시장이란 재화 · 서비스가 거래되어 가격이 결정되는 곳이며, 교환과 거래가 이어지는 구체적인 장소를 말한다. 통신기술의 진보와 신용거래의 발달은 특정 장소에 얽메이지 않고 거래만 있는 사이버 시장과 같은

51　박경섭, 앞의 글, 85쪽.

추상적인 시장을 만들어내고 있다. 그러나 일반인들에게서 시장이란 단순히 거래 행위가 일어나는 곳의 의미보다는 다양한 상품의 볼거리 제공, 지역 커뮤니티의 장소, 외부세계와의 소식의 창구와 같은 상거래 이외의 역할을 하는 장소로 인식되어 있다. 즉 전통시장은 단순히 물리적 환경에 의한 한정된 공간만을 의미하는 것이 아니라 그 안에 있는 사람들의 문화, 생활 양식, 인간 행태의 유기적인 결합에 의한 구체화된 공간인 장소로서 인식하고 있는 것이다. 이는 전통시장이 도시의 활력소로서 관광자원으로서 개발할 가치를 많이 가지고 있음을 의미한다.[52]

지방 도시의 지역 상권 중심과 지역 커뮤니티 장소로 중요한 역할을 담당하는 전통시장은 지역사회의 상업화와 지역경제의 발전에 기여하는 바가 크며, 물물거래의 센터, 정보의 센터, 혁신의 센터, 사회 · 정치 · 종교적 센터, 여성의 지위 향상, 기업 정신, 생산 능력, 직업 훈련 등을 담당하는 지역 거점의 중심 역할을 충실히 수행하고 있다.

이러한 전통시장의 특성을 장점과 단점으로 나눠 살펴보자. 장점으로는 첫째, 지역 소재지나 원도심에 위치해 있어서 지역주민의 접근성이 좋아 입지적으로 유리하며, 둘째, 백화점이나 대형 마트에서 취급하기 힘든 상품 등을 구매할 수 있으며, 다양한 업종의 구성과 일괄구매(one-stop shopping)의 기회를 제공한다. 셋째, 지역 친밀도가 높아 지역의 농산물 · 수산물 · 축산물 · 특산물 등의 현지 조달이 가능하므로 상품이 비교적 저

---

52 정금호 외, 「재래시장에서의 접근성과 업종별 상관관계: 광주광역시 대인시장과 남광주시장을 중심으로」, 『대한건축학회 논문집』 제20권 1호, 대한건축학회, 2014, 171쪽.

렴하고 신선하며, 저렴한 가격 및 탄력적 가격 운용성을 가지고 있다. 또한 점주의 재량에 따라 할인판매나 끼워주기 등의 흥정 행위를 통해 소비자의 심리적인 효용을 만족시켜주며, 넷째, 대부분의 상가는 그 지역의 영세한 상인으로 구성되어 있어, 지역경제에 긍정적인 역할을 하고 있다.[53]

반면 전통시장의 단점으로는 첫째, 우수한 입지조건에 비해 토지 이용 효율성이 낮으며, 둘째, 전통시장 환경이 열악하여 상가 시설 및 설비가 노후되고 편의 시설과 부대 시설이 잘 마련되어 있지 못하다. 셋째, 도로 사정이 열악하여 주변 교통 체제가 혼잡하고 주차 공간의 부족으로 교통 체증을 유발하는 경우가 대부분이며, 넷째, 전통시장의 대부분은 영세한 임대상가들로 구성되어 있어 대형 할인점이나 백화점과 비교하면 유통구조의 비효율성으로 인해 영업 효율이 떨어지는 것으로 나타났다.[54]

소비자와 판매자가 만나는 거래 장소로서 시장의 의미는 고정되어 있는 것이 아니라 시대와 역사에 따라 변화한다.[55] 이 글에서는 광주 지역의 오랜 전통시장들이 갖는 시장의 장소성과 시장의 주인인 상인, 그리고 시장을 이용하는 지역주민들의 정체성을 중심으로 한 인문학적 성찰에 주목해서 시장과 삶의 관계를 살펴보았다.

전통시장과 지역주민이 상호관계성을 확장·유지하기 위해서는 오랫

---

53 정소연 외, 앞의 글, 2021, 43쪽.
54 노병완, 「전통시장 활성화를 위한 지원정책 개선방안에 관한 연구」, 가천대학교 대학원 석사학위 논문, 2016. 정소연 외, 위의 글, 43쪽에서 재인용.
55 박경섭, 앞의 글, 86쪽.

동안 전통시장이 갖는 공공성에 주목해온 윌리엄 화이트(William Whyte)의 일련의 연구와 활동에 주목할 필요가 있다. 저명한 도시 건축가이자 연구자인 윌리엄 화이트는 1975년 뉴욕에 PPS(Project for Public Spaces)라는 소식을 설립하고 지역 공동체가 소속감을 가지고 정체성을 키울 수 있는 공공 공간의 형성을 돕기 위해 장소 만들기(placemaking) 프로젝트를 진행하고 있다. 그 일환으로 2019년 6월 6일부터 8일까지 3일 동안 제10회 '국제 공공 시장 컨퍼런스(International Public Markets Conference)'가 런던시에서 개최되었다. PPS(Project for Public Spaces)는 장소를 물리적인 공간 디자인을 넘어선 그 이상의 것으로 정의하고 시대에 맞게 진화할 수 있도록 물리적, 문화적, 사회적 정체성에 주목하고 있다. 파머스 마켓(farmers markets) 등 전통시장의 장소성과 소비 형태에 사회적으로 관심이 크게 늘어난 1980년대부터는 시장을 공공 공간의 중요한 유형 중 하나로 인식하고, 쇠퇴하는 시장의 재활성화와 새로운 시장 형성에 집중해왔다.[56]

　사람들이 시장을 찾는 데에는 경제적 이유 못지않게 시장 상인들과 쌓아온 관계를 토대로 오랫동안 형성된 장소성과 그 경험이 중요하다는 것은 앞에서도 여러 차례 밝힌 바 있다. PPS도 시장이 가지고 있는 경제적 효과 이외에 사회적, 문화적인 다양한 가치를 도출하여 전통시장이 경제적, 정책적 지원을 받을 수 있는 토대를 마련하기 위한 노력을 하고 있는데, PPS는 좋은 공공시장이 가져야 할 열 가지 원칙을 다음과 같이 제시

56　김상희, 「국제 공공시장 콘퍼런스를 통해 본 지속 가능한 공동체 공간으로서 런던 전통시장의 특성」, 『도시연구』 제16권, 인천연구원, 2019, 230쪽.

하고 있다. 곧 소비자를 잘 이해하는 시장 상인, 적합한 시장의 위치, 다양한 상품과 가격, 지역사회를 위한 미션, 매력적이고 유연한 공공 공간, 지역 공동체 연계, 경제성, 프로모션, 가치, 관리 등이 그것이다.

지속 가능한 공동체 공간으로서의 런던 전통시장의 특성을 다룬 김상희의 글에 따르면, 여느 나라의 도시와 마찬가지로 영국의 전통시장은 1980년대 후반부터 대형 슈퍼마켓, 쇼핑몰 등의 시설이 등장하고 인터넷 쇼핑몰 등 쇼핑 습관이 변화하면서 빠르게 쇠퇴해왔다. 그러나 2000년대 들어오면서 전통시장은 다시 주목받기 시작한다. 전통시장은 매우 평범한 일상생활 공간으로, 물리적으로는 다른 공간에 비해 열악하지만 '사회적 활기'와 '문화적 다양성'으로 대표되는 질 높은 공공 공간으로 인식되었고, 마을 공동체의 소속감, 건강, 행복 등이 전통시장이 갖는 사회적 가치임을 확인하였다.[57]

경제적으로는 지역의 소상인들에게 일자리를 제공하고 마을 주민들에게 싸고 품질 좋은 상품을 공급하며, 환경적으로는 지역에서 생산되는 상품과 먹거리를 판매하여 기후 변화에 대응하고, 사회적인 측면에서는 마을 주민의 심리적, 정신적 건강이라는 다양한 혜택을 가져오는 등의 전통시장의 다양한 가치에 대해서는 이론이 없다. 전통시장은 그러나 두 가지 측면에서 해결하기 쉽지 않은 문제를 안고 있다. 하나는 인구 감소가 전통시장 축소에 미칠 영향이다. 2020년 현재 전라남도에 산재한 123개의 전통시장을 대상으로 '인구 감소가 전통시장 축소에 미칠 영향에 대해 연

---

57 위의 글, 233쪽.

구한 김현중 등의 관련 연구[58]는 전라남도의 사례를 들고 있기는 하지만, 광주 지역 전통시장에도 일정한 시사점을 준다. 김현중 등의 연구에서의 결론은 "향후 전라남도의 인구 감소는 입지가 상대적으로 우수한 전통시장 인근 지역에도 발생할 것으로 예측되어 인구 감소가 전 지역에서 동시다발적으로 진행될 확률이 높을 것"[59]이라는 점에 있다.

광주광역시는 2023년 현재 인구 142만 9천여 명으로 여전히 대도시의 위치에 있어서 중소도시와 읍면 등의 마을 단위로 점차 인구 소멸의 위기를 체감하고 있는 전남의 경우와 직접 비교하기는 마땅치 않다. 그러나 우리나라 전체적으로는 2022년 한국 합계 출산율(가임기[15~49세] 여성이 낳을 것으로 기대되는 평균 출생아 수)은 0.78명으로 경제협력개발기구(OECD) 회원국 중 가장 낮은 수치를 기록하고 있는 등 초저출산 및 초고령화 사회로의 진입이 가파르게 진행되고 있는 현실이고 보면 도시와 농촌 지역을 막론하고 인구 감소를 넘어 인구 절벽이 전통시장의 쇠퇴에 상당한 영향을 미칠 것으로 보이는 것은 분명하다.

그런데 2023년 현재 광주의 주요 전통시장인 양동시장과 대인시장 그리고 말바우시장 인근은 대규모로 재개발이 이루어지면서 고층 아파트단지가 속속 들어서고 있는 것을 볼 수 있다. 우리나라 전체적으로는 인구가 급격하게 감소하고 있어서 인구 절벽이 전통시장 쇠퇴에 상당한 영향을 미칠 것으로는 보이지만 시장 주변에 새로운 인구가 유입하고 있는

---

58 김현중 외, 「인구감소가 전통시장 축소에 미칠 영향 예측」, 『한국도시설계학회지』 제23권 제4호, 2022.

59 위의 글, 90쪽.

점은 시장의 유지에 긍정적인 요인일 수도 있을 것이다.

다만, 전통시장을 이용하는 사람들의 연령대를 보면 중장년 이상의 고령층이 대부분이다. 의미 있는 관련 연구를 찾을 수는 없었으나 필자가 2023년 여름 7~8월 두 달 동안을 이용해서 양동시장과 대인시장 그리고 말바우시장을 찾는 소비자들을 관찰한 결과 20~30대의 젊은이들이 전통시장을 이용하여 필요한 물품을 구매하는 경우는 거의 보지 못했다. 이는 좀 더 정밀한 조사와 연구가 뒷받침되어야 할 문제이겠다. 주차 시설과 화장실 등 편의 시설의 미비, 물건을 구매할 때 신용카드 이용이 제한되거나 상인들과의 직접적인 흥정 등의 불편함, 공간으로서의 시장이 비좁은 데다 상대적으로 깨끗하지 않은 점 등의 여러 요인이 전통시장 대신 대형 마트를 이용하게 하는 주된 요소인 것은 분명하다.

이 글에서 본격적으로 다루지는 못하지만, 지역주민들의 삶에 밀착된 주요한 공간인 '구멍가게'에도 주목할 필요는 있다. 그런데 구멍가게는 역사적이고 관습적인 개념이기 때문에 그것의 범주가 명확하지 않고 지역과 시대에 따라 개념적 차이가 존재할 수밖에 없다. 따라서 이것을 단일한 개념으로 수렴하여 논의를 전개하는 것은 사실상 쉽지 않다.[60] 전통시장의 진흥에 대한 다양한 제언이 있으나 구멍가게에 대한 제대로 된 연구가 없는 까닭도 그러한 사정에서 연유한다. 전라남도 지역을 중심으로 20~30년 이상 된 총 50여 개의 구멍가게를 조사한 심우장은 그의 글에서 구멍가게를 다음과 같이 개념 정리한다.

---

60   심우장, 「구멍가게의 역사와 기능」, 『실천민속학연구』 제24호, 2014, 92쪽.

곧, 구멍가게는 다음 네 가지 정도의 조건을 갖고 있는 소매업을 말한다. ① 취급하는 물건으로 보면, 구멍가게는 음식료품을 위주로 각종 생활 잡화를 취급하는 소매업이다. 종합 소매업이지만 대체로 생활용품을 취급하는 경우가 많다. ② 규모 면에서 보면 아주 작은 가게이다. 산업분류 기준에 따르면 대체로 165제곱미터 이하의 시설을 갖추고 있어야 하는데, 실제로는 이보다도 더 작은 규모이다. 우리의 기억이나 감각으로는 33제곱미터(10평) 이하인 경우가 대부분이다. ③ 놓인 자리로 보면, 생활 공동체의 내부나 경계에 위치하고 있어야 한다. 다시 말하면 근거리 소매 유통점이라는 뜻이다. 따라서 전통시장에 위치한 만물상회 등은 구멍가게라고 하기 곤란하다. 살림집을 가지고 생활 공동체와 일상적인 교류가 있어야 구멍가게라고 할 수 있다. ④ 주체의 측면에서는, 살림살이를 하는 주인이 직접 가게를 맡아 보는 경우가 많다. 편의점처럼 아르바이트생이 주로 가게를 보는 경우와는 다르다.[61]

심우장의 연구에 따르면, 구멍가게의 전성기는 1975~1985년까지다. 대체로 1970년대에 새마을운동과 함께 농촌의 구멍가게가 전성기로 향해갔고, 80년대로 넘어오면서는 농촌 도시 할 것 없이 구멍가게의 문화적 위상이 더욱 뚜렷해졌다. 소득 수준이 크게 향상되었고, 구멍가게에서 취급할 수 있는 공산품도 대량으로 생산되었기 때문이다.[62] 그런데 1982년 편의점이 들어서기 시작하고 1990년대에 신용카드 사용이 시작되면서 서

---

61 위의 글, 94쪽.
62 위의 글, 97쪽.

서히 구멍가게식 자본주의 시대가 막을 내리고 있었다.[63] 현재는 도시에서는 대형 마트나 기업형 슈퍼마켓에 밀리고 편의점에 고유의 자리를 물려줄 수밖에 없는 처지에 놓여 있고, 농촌에서는 농협하나로마트에 밀리면서 자리를 보전하기 어려운 지경에 처해 있지만, 근 60여 년 동안 구멍가게는 공동체의 깊숙한 곳에서 나름의 위상을 점유하고 있었다고 할 수 있다.[64]

우리 지역의 경우에도 구멍가게라 할 만한 작은 규모의 가게들이 아주 없는 것은 아니다. 대체로 공동주택(아파트) 출입구 가까운 곳 상가에 '나들가게'란 이름으로 영업하는 가게가 남아 있고, 지방자치단체가 일정한 보조금을 지원해서 소상인의 생계는 물론 인근 주민들의 소비생활에 도움을 주고자 하는 정책적 배려를 하고 있다. 다만 아파트를 비롯한 주택 보급률이 과거와는 달리 상당한 비율을 점하고 있는 까닭에 '살림살이를 겸한 소규모 판매 공간'이라는 전통적인 의미에서의 구멍가게는 이제 사라진 것으로 보아 무방하겠다.

---

63 위의 글, 100쪽.
64 위의 글, 102쪽.

2

마을

근대적 도시, 그리고 전통과 문화가 어우러진 마을

마을은 자신이 사는 집을 중심으로 사람들이 모여 사는 일정한 공간, 곧 동네로 정의할 수 있다. 이 글에서는 우서 깊은 광주의 전통문화마을을 그 대상으로 도시와 마을 그리고 전통과 문화, 주민들의 삶과 정체성의 함수관계를 규명하고자 한다. '도시 공간에서 마을 만들기'라는 마을 인문학적 관점을 바탕으로 광주 지역의 전통문화마을을 살펴보기로 한다.

도시는 많은 인구가 모여 살며 일정 지역의 정치, 경제, 문화의 중심이 되는 곳을 이르고, 마을은 자신이 사는 집을 중심으로 사람들이 모여 사는 일정한 공간, 곧 동네로 정의할 수 있다. 제2부에서는 유서 깊은 광주의 (전통)문화마을을 그 대상으로 도시와 마을 그리고 전통과 문화, 주민들의 삶과 정체성의 함수관계를 규명하고자 한다.

도시의 시작과 기원에 관해서는 여러 학설이 있다. 우선, 신석기 시대에 있었던 농업혁명으로 인해 인구가 증가하고 농사를 짓기 위해 일정한 곳에 정착하는 생활 방식이 자리 잡으며 정주 문화가 발전했다는 설이 있다. 농업혁명으로 인해 잉여 생산물이 만들어지고 식량 생산 이외의 새로운 산업도 나타난다. 다시 말해 경작 활동이 가능해진 것이 도시가 만들어진 배경이라는 것이다. 그러나 최근에는 초기의 집단 거주지에서 농업혁명이라 할 만큼 대량의 잉여 생산물을 수확하지는 못했으나 이 시기에 유랑 생활을 하는 장인 집단이 존재했으며, 그들과 장신구나 그릇 등 생필품을 교환하기 위해 농업 생산량을 늘렸다는 이론이 새롭게 주목받고 있다.[1]

문헌으로 전하는 우리나라 최초의 도시는 배달국의 도읍지 신시(神市)

---

1   이성근, 『도시는 어떻게 역사가 되었을까』, 효형출판, 2021, 42쪽.

다. 상고시대 역사를 기록하고 있는 『환단고기(桓檀古記)』에 의하면 BC 3897년 환웅이 북방 환국에서 풍백·우사·운사 등 3천 명의 무리를 이끌고 태백산(백두산) 꼭대기 신단수(박달나무) 아래로 내려와 배달국을 세우고 그 도읍을 신시라 했다고 기록되어 있다.[2] 광주 지방에 국가 단위 사회가 발생한 시기는 마한 시대로 추측된다. 마한 시대를 대략 BC 1세기에서 AD 3세기로 보는데, 그만큼 도시로서의 광주의 역사가 오래되었다는 의미다.

하지만 도시가 우리의 삶과 맺는 관계가 이토록 친숙해진 것이 그리 오래된 일은 아니다. 불과 반세기 전만 하더라도 한반도 주민 대다수는 도시민이라 부르기 어려운 농민 혹은 이농민 집단이었다. 압도적인 농경 중심 사회에 미약하나마 상업적 변화의 기미가 보이기 시작한 것은 조선 후기부터였고, 농촌으로부터 도시로의 인구 이동 현상은 일제강점기 식민지 도시화 과정에서 제한적으로나마 늘어나는 경향을 보였다.[3] 해방 이후의 사회 변동기, 1950년 한국전쟁, 그리고 1970년대 박정희 정권의 산업화 정책에 따른 농촌 인구의 도시로의 이동 등 여러 사회적 변화가 도시의 생성과 변천의 역사에 개입해왔다.

도시는 사람들이 살아가는 물리적이고 사회문화적인 공간이다. 공간구조로서의 도시는 물리적 위계와 유형들을 포괄하고 있으며, 사회문화적 의미 영역에서의 도시는 개인과 개인, 집단과 집단이 상호작용과 관계

---

2   정경연·변병설, 『한국도시의 역사』, 박영사, 2022, 3쪽.
3   이영석·민유기 외, 『도시는 역사다』, 서해문집, 2011, 15쪽.

맺음을 통해 의미 체계를 만들어가는 일련의 축적의 시간이다. 도시 공간의 물리적 특성과 이 땅에서 살아가는 사람들의 상호작용이라는 행위의 반복을 통해 특정 장소는 의미를 담으면서 도시 정체성(urban identity)을 획득하게 한다. 당연하게 이러한 공간이 가진 정체성은 장소라는 물리적 공간에서 현재 시점이나 과거의 기억으로 발현된다.[4] 따라서 도시의 모든 것은 시민들의 활동과 그 결과다. 영토와 구조물만으로 도시를 정의할 수는 없다.[5]

광주(光州)는 전국 5대 광역시 중의 하나로 2023년 6월 30일 현재 인구 1,424,818명(외국인 미포함)[6]의 대도시다. 동ㆍ서ㆍ남ㆍ북ㆍ광산구를 아우르는 5개 자치구에 97개 행정동으로 이루어져 있으며, 산지 지역과 평야 지대의 접촉지에 자리하고 있다. 도심에서 자동차를 몰고 대략 30분 정도만 나가면 동서남북 어디서나 논밭(농촌 풍경)을 볼 수 있다.

광주의 정체성은 무엇일까. 물이 많은 들판이라는 뜻의 '물들'을 한자의 음과 훈을 빌려 우리말로 무진(武珍)이라 하였다. 삼한 시대에는 마한에 속했고, 삼국 시대에는 백제에 속했다. 백제 때는 노지현으로 불렸다. 신라 신문왕 때 9주(九州)의 하나인 무진주(武珍州)로 개명했고, 경덕왕 때 한화 정책으로 757년에 무주(武州)로 바꿨다. 892년 견훤이 무진주와 완산주를 기반으로 후백제를 건국했고 후백제가 멸망하자 고려에 병합됐다.

---

4   변미리, 「도시 공간에 대한 인문학적 시선」, 『국토인문학』 제418호, 국토연구원, 2016, 29쪽.
5   이성근, 앞의 책, 55쪽.
6   광주광역시 자치행정과 인구통계 현황자료, 2023.7.4.

고려 태조 때인 940년에 광주로 개명한 이후 여러 차례 이름이 바뀌었으나 특기할 만한 것은 1895년 을미개혁의 일환으로 종전의 8도 체제를 폐지하고 23부, 331군 체제로 바뀌면서 전라 서남부의 행징 중심지인 나주목은 나주부로 불리게 되고, 특히 전남도청의 소재지가 광주로 정해진 일이다.[7] 이로써 광주는 호남(湖南, 호수의 남쪽이라는 뜻을 가진 지리적 명칭이다) 지역의 중심도시로 자리하게 됐다. 이후 1945년 8월 15일 일본이 연합국에 패망하자 주둔 미군에 의한 군정이 2년 11개월 동안 실시되었다. 1947년 6월 3일부로 군정청이 폐지되고 1948년 8월 대한민국 정부 수립과 함께 광주부는 1949년 광주시로 바뀌게 된다. 일제강점기인 1929년 11월 3일의 광주학생항일운동과 1960년 4·19혁명, 5·18민중항쟁, 6·10 민주항쟁 때 적극적으로 참여하는 등 한국 근현대사에 굵은 획을 남긴 도시다.

사실 어느 도시나 마찬가지겠으나 광주의 정체성 역시 혼종적이다. 광주는 흔히 의향(義鄕), 예향(藝鄕), 미향(味鄕)으로 부른다. 절의를 숭상하고 의기가 충만한 고장이라는 뜻에서 의향이요, 삶의 질을 비옥하게 하는 예술이 살아 숨 쉬는 고장이라는 뜻에서 예향이며, 어느 지역보다도 음식이 맛깔스럽다는 의미에서 그렇게 부른다. 광주를 '의향·예향·미향'의 고장으로 부르고 있는 현상은 이와 같은 혼종적인 지역성을 실증한다. 광주의 도시 상징과 정체성은 서로 다른 계기와 결을 함축한 역사적 사건들이

---

7   박선홍, 『광주 1백년』 증보판 1권, 심미안, 2012, 17쪽.

병진하거나 마주친 과정에서 형성되었다.[8]

　광주를 의향이라 할 때 그것은 1894년 반봉건 · 반외세 기치를 내건 동학농민운동으로부터 시작된 의병의 출현(1900년에 일어난 의병 전투 중 47.4%가 전라도에서 일어났고, 참여 의병 60%가 호남 사람이었는데 그중 광주 전남 출신이 45%를 차지한다) 과 일제강점기의 독립운동, 해방 이후 민주화운동의 역사에 연원을 두고 있다. 문제는 광주의 정체성을 '예향'이라 할 때 그 시선이 다소 복잡해(비판적)진다는 점이다.

　대체로 '5 · 18' 이후 '저항'과 '민주'라는 '다소 부정적인 지역 이미지'를 바꾸려는 목적에서 전남지역개발협의회를 중심으로 한 지역 내 일부 사람들에 의해 제기되었다거나, '예향론'을 둘러싼 지역 내 경쟁과 갈등 속에서 예향에 대한 사회적 인식이 확대되면서 점차 지역의 상징이 되어갔다거나, 또 다른 측면에서 1980년대 '예향'이 지역 내부뿐만 아니라 외부에 의해서도 호남과 광주를 상징하는 용어로 사용되었고, 그 예향다움이 지역 예술의 역사 · 문화적 위상에 의한 것이 아닌 비예술적 측면에 근거한 정치적 산물[9]이라는 여러 논자의 담론을 이 글에서 길게 소개하거나 따로 문제 삼을 필요는 없겠다.

　이 글의 전반적인 목적은 광주라는 장소에서 살아가는 주민들의 정체성을 확인하고자 하는 것이고, 굳이 이름을 붙인다면 '마을 인문학'(적 성찰)이라 할 수도 있겠고, 그 목표에 이르기 위한 하나의 방법론적 도구로

8　김봉국, 「예향(藝鄕) 광주의 탄생 : 전두환 정부의 '새문화정책'과 지역정체성」, 『역사연구』 제37권, 역사학연구소, 2019, 639쪽.

9　위의 책, 642쪽.

광주 지역의 전통문화마을을 살펴보고자 하는 것이기 때문이다.[10]

그런데 이 글에서 하나의 곤란은 도시와 마을의 개념이 혼재 혹은 혼용될 수 있다는 점이다. 광주는 도시지만 도시 내부에 존재하는 장소로서의 마을이 이 글(2부)의 대상이기 때문이다. '도시'는 촌락과 달리 다양한 직업과 계층의 사람들이 어울려 사는 복잡한 모둠살이 공간이다. 이 때문에 다양성은 도시다움의 핵심이 되며 민주주의 사회의 바람직한 도시는 도시민의 다양한 입장과 의견을 수렴해 만들어갈 수 있다.[11]

'마을'은 민속문화의 공간적 축소판이라 할 수 있다. 더 구체적으로는 문화적 전통성을 온전히 고수하는 마을을 일러 전통마을이라 지칭하지만, 전통문화마을에는 전통문화만이 있는 것이 아니다. 전통마을에도 전통문화와 현대문화가 끊임없이 교차하면서 상생, 발전의 과정을 밟고 있다.[12]

도시 정체성이란 도시 공간이 스스로의 존재적 특성을 드러내는 본질적 성격을 의미한다. 다양한 장소성이 누적되어 그 합집합 혹은 교집합으로서의 도시 공간의 정체성이 드러나게 된다. 장소성은 물리적 실체와 정서적 측면을 가진 특정한 영역이 상호작용과 시간의 흐름에 따라 형성된

---

10 도시 인문학은 서울시립대에서, 로컬리티 인문학은 부산대학교 한국민족문화연구소의 HK사업으로 수행되고 있고, 마을 인문학은 연세대 국학연구원의 HK사업으로 진행되고 있는데, 모두 융합학문으로서의 특성을 보인다. 이 글은 유사하면서도 조금씩 그 지향이 다른 각각의 논의를 두루 참고하되, 그러한 담론이 광주 지역의 전통문화마을의 장소성과 주민들의 정체성 형성의 의미를 발견하는 데 유의미한 부분만 취할 것이다.

11 제인 제이콥스, 『미국 대도시의 죽음과 삶』, 유강은 역, 그린비, 2010, 325쪽.

12 서해숙, 「변화와 대응의 관점에서 살펴본 마을 공동체문화의 의미 체계」, 『한국민속학』 제59집, 한국민속학회, 2014, 67쪽.

다. 장소성(place identity 혹은 placeness)이란 특정 장소가 거주자들이나 사용자들에게 갖는 '의미'와 '중요성'에 관한 문제다. 따라서 '장소성'이란 도시 공간의 특징, 네이버후드(neighborhood)의 특징적 요소 등을 의미한다.[13]

이 글에서는 '도시 공간에서 마을 만들기'라는 마을 인문학적 관점을 바탕으로 광주 지역의 전통문화마을 중에서 양림동 근대역사문화마을과 서창향토문화마을, 백범 김구 선생 기념관이 있는 학동의 백화마을, 21번째 국립공인인 무등산 평촌마을, 그리고 양동 발산마을을 살펴보겠다. 전통문화마을은 아니지만 광산구 월곡동의 '고려인마을'은 우리 근대사의 비극과 그것을 넘어서고자 하는 의지의 표상으로서 조성된 공동체라는 의미에서 함께 다루었다.

1. 양림동 근대역사문화마을

남구 양림동(楊林洞)은 사직산과 양림산으로 이어지는 능선의 동남사면에 자리 잡은 0.68제곱킬로미터 면적의 오래된 주거지역이다. 근대 개화기 서양 선교사들의 주거지이자 신문화운동의 발상지였다.

광주에서 개신교 선교사들이 맨 처음 자리를 잡은 양림동은 광주 지역 선교본부 역할을 했다. 개신교단이 운영하는 숭일학교와 수피아여학교, 이일학교가 있었고, 역시 선교사들이 설립한 재중병원이 있었다. 수많은

---

13 변미리, 앞의 글, 30쪽.

양림교회(왼쪽)과 오웬기념관(오른쪽),
광주YMCA 선교사 고든 어비슨의 업적을 기리는 어비슨기념관(아래). ⓒ 심영의

개신교 신자들이 이 동네에 살았는데, 주일이면 광주천을 건너 금동에 가서 예배를 봐야 하는 불편이 있었다. 1926년 양림교회를 세웠다. 초대 당회장 김창국 목사의 둘째 아들이 김현승 시인(1913~1975) 이다.[14]

양림동의 근대 건축물(서양식 건축)로는 우선 '커티스 메모리얼홀'을 들 수 있다. 수피아여학교를 설립한 광주전남 선교의 개척자인 유진 벨(Rev. Eugene Bell, 1868~1925. 한국명 배유지) 선교사를 추모하기 위해 건립되었다. 선교사와 가족들의 예배당으로 이용된 곳이다. '우일선선교사사택'은 양림동을 대표하는 근대문화유산이다. 광주에서 현존하는 가장 오래된 서양식 주택으로 제중병원(현 기독병원) 2대 원장을 역임한 윌슨(R.M. Wilson, 1880~1963. 한국명 우일선) 선교사의 사택이다.

1905년 11월 20일 미국 남장로교 의료선교사 놀란(Dr. J. W.Nolan)이 광주 제중원을 개설하고 첫날 9명의 환자를 진료하면서 광주에서 최초로 현대 의료가 시작되었다. 미신적 질병 치료에서 과학적 질병 치료로의 전환으로 큰 의의를 갖는다. 1세기 넘는 동안 거쳐간 일곱 명의 선교사 원장을 비롯한 수많은 외국인 선교사들과, 1976년 한국인 원장(허진득 박사)에 이양한 후 현재에 이르기까지 광주 제중병원은 한센병 환자와 결핵 환자 등 소외된 이웃은 물론 이 지역 환자들을 치료해 오고 있다. 그동안 별다른 어려움이 없었던 것은 아니다. 일제의 신사참배 강요와 이에 대한 거부로 인해 광주 제중병원은 프레스톤(변요한 2세, 4대 원장) 선교사가 1940년 미국으로 귀국한 이후 폐쇄되는 아픔을 겪었다. 병원의 모든 의료기구와 물

14 박선홍, 앞의 책, 161쪽.

최승효 가옥. 문이 잠겨 있어 내부는
촬영하지 못했다. ⓒ 심영의

이장우 가옥. ⓒ 심영의

품은 일제에 의해 압수되었으며, 병원 건물과 선교사들의 사택은 일본 경찰과 관리들의 숙소로 전용되었다.

'수피아홀'은 광주 지역 개신교 선교의 근거지이자 여성 교육의 요람으로 손꼽히는 수피아여학교에서 가장 오래된 건물이다. 미국 스턴스 여사(Mrs. M.L. Sterns)가 세상을 떠난 동생 제니 수피아(Jennie Speer)를 추모하기 위해 기증한 헌금으로 1911년 건립되었다. 광주에서 순교한 오웬(Clement C. Owen, 1867~1909) 선교사와 그의 할아버지를 기념하기 위해 1914년 선교사 서로득이 설계하여 건립한 '오웬기념관'도 자리하고 있다.

근대 건축물 중에서 한옥 구조로는 '이장우 가옥'과 '최승효 가옥'이 있다. 이장우 가옥은 안채와 사랑채, 행랑채, 곳간채, 대문간으로 구성된 전통 상류층 가옥이다. 최승효 가옥은 1920년에 지어진 독립운동가 최상현의 집이다. 한말의 전통가옥에서 개화기의 한옥으로 변화하는 과정을 살펴볼 수 있어 건축사적으로 의미가 큰 집이다. 1968년 광주MBC 창립에 주도적으로 나선 최승효가 사들였으며, 현재는 최승효의 3남 최인준이 관리하고 있다. 최인준 작가는 비디오 아티스트 백남준 선생의 제자이다.[15]

양림동 근대역사문화마을의 주된 특징은 '근대'와 '기독교 선교'의 자취라 할 수 있다. 미국 남장로회 선교사 유진 벨이 창립한 광주교회(광주금정

---

15 양림동 근대역사문화마을의 근대건축물과 미술관과 기념관을 비롯한 공간에 대한 소개는 홈페이지(https://visityangnim.kr/)에 게시한 글 및 광주문화재단의 자료에서 인용했다. 홈페이지에 들어가면 근대 건축물은 물론 관련 문화 · 예술인 등에 대한 내용이 풍부하게 소개되어 있으므로 이 글에서 다시 설명하지는 않는다. 사진은 필자가 직접 방문 · 답사하여 촬영했다.

양림동 역사문화마을 입구. ⓒ 심영의

교회)에서 1924년 분립한 양림교회[16]와 1905년 미국 남장로교 선교회에서
파송한 놀란에 의해 의료 선교의 목적으로 세운 기독병원(제중원(濟衆院)이
라는 이름으로 개원), 1907년 유진 벨과 오웬 목사가 개신교 신자의 자녀들
을 모아놓고 교육을 시작하여 1911년 수피아여학교라는 정식 이름을 얻
은 광주 최초의 중등학교, 그들 선교사를 기리는 기념관과 사택 등이 양
림동 근대역사문화마을의 주요 유적이다.

---

16 해방 이후 자유주의자 계열과 보수주의자 계열 등의 입장 차이로 양림동에는 현재 3개 교단
    (기장 · 통합 · 합동) 소속 양림교회가 있다.

한국(그리고 광주 지역)에 기독교가 들어온 시기는 한말 나라가 내외의 혼란과 서양 열강의 진출 그리고 일제강점기라는 민족의 수난기와 겹친다. 가톨릭(천주교)이 18세기에 들어오면서 수난을 겪은 것과 비교하면 19세기에 들어온 기독교(개신교)는 조선사회의 전통적인 정신세계 및 관습과 덜 부딪혔다고 볼 수 있다. 물론 가톨릭이든 개신교든 뿌리 깊은 유교 사상(그리고 불교 및 샤머니즘적 사유)과 서양 제국주의 세력의 이식에 대한 저항이 만만찮았으나 개항 이후에 기독교는 급속한 팽창을 보인다. 그렇게 기독교가 수용된 뒤부터 기독교는 교육·의료·계몽운동·청년운동 등 우리 사회 전반에 걸쳐 '근대화'에 기여한 것으로 평가받는다.

오늘날 양림동 근대역사문화마을에 남아 있는 기독교의 유산은 그러므로 지역민의 삶에 끼친 '근대성'의 관점에서 '유물이나 유적이 아닌 유산'의 측면에서 평가해야 할 문제라고 본다. 관련하여 숙고할 문제 하나는 기독교와 민족주의의 문제다. 앞에서도 언급했듯이 우리나라에 기독교가 들어와 뿌리내리는 과정에서 긍정적인 성취는 근대 계몽운동이라 할 수 있다. 그런데 또 그 시기는 일본 제국주의자들의 강압적인 지배가 관철되는 때였다. 우리에게 민족주의라는 관념은 그래서 서구와 달리 반제국주의와 반식민주의 저항의 담론으로 크나큰 의의를 갖는다.

민족주의가 포괄하는 주제와 범위가 방대하고 이를 다루는 학문적 방법론도 다양한 탓에 민족주의를 한마디로 정의하는 것이 쉬운 노릇은 아니다. 문화연구 이론인 '접합(articulation)'은 성격이 서로 다른 이질적 요소들이 역사적 상황과 조건 속에서 양자를 결합하는 담론과 사회적 관계들의 연결고리를 통해 마치 불가분의 관계인 것처럼 상호 연결되는 것을 설명하는 이론이다. 기독교와 민족주의의 상호 영향에 대해 접합 이론을 통해 그 의의를 논하고 있는 최영근은 "한국에서 기독교와 민족주의의 접합을 논할 때, 항일 독립운동의 정치적 차원은 물론이거니와 정신적 각성과 사회적 개선을 통해 민족의 재건을 추구하는 사회문화적 민족운동, 그리고 민족의 신앙적, 도덕적 각성 및 민족공동체의 구원과 회복을 추구하는 신앙 운동의 차원까지 포괄적으로 고려되어야 한다."고 말한다.[17]

한국 선교에 참여한 나라는 미국·영국·프랑스·호주 등 여러 나라지만 미국 남북 장로교회와 감리교회에서 가장 많은 선교사를 파견하였다. 19세기 중반 미국은 남북전쟁과 서부 개척의 역사 속에서 수많은 충격을 경험하였고, 그 결과 사회규범의 와해와 여러 사회·심리적 긴장을 느끼게 되었다. 이러한 사회적 긴장에서 벗어나기 위해 거대한 정신적 종교적 '대각성 운동'이 일어난다. 거대한 종교적 부흥 운동의 형태로 발전한 대각성 운동의 영향을 받아 '멸망해가는 여러 민족의 영혼을 불쌍히 여기고 그들을 구하기 위하여' 자원해서 한국에 온 미국의 선교사들은 매우 보수적이고 경건주의적인 신앙을 가지고 있었다. 따라서 그들은 일차적으로 한국에 복음을 전파하러 왔지 한국 사회의 변화와 발전을 위하여 온 것은 아니었다.[18]

물론 애국계몽운동과 기독교 사이에는 밀접한 관계가 있다. 초기 애국

---

17 최영근, 「근대 한국에서 기독교와 민족주의 관계 연구: 선교 초기부터 대한민국 정부 수립 시기까지(1884~1948)」, 『한국기독교신학논총』 제104집, 한국기독교학회, 2017, 136쪽.
18 노치준, 「한국 초기 기독교와 민족주의 한말의 근대화와 기독교」, 『역사비평』 제29집, 역사비평사, 1994, 304쪽.

계몽운동을 주도한 대한자강회에서 윤치호·이원긍·박승봉 등은 임원과 중요 직책을 맡아 활동했다. 가장 크고 중요한 애국단체 '신민회'의 인물들 대다수가 기독교인이었다. 대성학교와 오산학교 등 민족 계몽을 선도했던 학교도 기독교의 영향이 컸다. 앞에서도 살핀 것처럼 광주의 경우에도 근대적 교육과 의료의 시작은 기독교 선교사들의 절대적인 헌신에 기반하고 있다. 그런데 한국 교회는 독립협회 운동과 애국계몽 운동에 적극적으로 참여하여 폭력적인 저항운동보다는 사회 개혁적인 민족운동에 중점을 두었다. 이는 평화를 강조하는 기독교의 신념 체계의 영향일 것이다. 당시 개화파에 가해지는 일정한 비판, 곧 폭력적인 외세에 대한 인식과 저항의 태도가 불철저했다는 점과 관련하여 일제강점기 한국 기독교의 활동은 그 한계도 분명하다.[19]

일제강점기 호남 지역을 사례로 일본 식민 지배 세력이 호남에 세운 식민 사회의 구조적 특성에 관해 연구한 이규수 교수의 글 중에 한때 '한국을 분신처럼 사랑한 은인'으로 그의 행적을 높게 평가했던 일본인 '마스토미 야스자에몽(眞美安左衛門)'에 대한 소개가 매우 흥미롭다.[20] 마스토미 야스자에몽은 식민지 지주로 한국에서 전도 사업과 교육 사업에도 손을 댄 인물이다. 전북 고창고등학교 출신 한글학자 한갑수는 "마스토미는 일본인이었지만 사재를 털어 학교와 교회를 세우는 등 한국을 사랑했고, 이 고장에 개화의 씨를 뿌린 선구자"라며 "일본인이라고 똑같이 매도하기에

---

19   위의 책, 308쪽.
20   이규수, 『식민지 조선과 일본, 일본인』, 다할미디어, 2007, 122쪽 이하.

3 · 1만세운동길. ⓒ 심영의

는 너무 아까운 분"이라고 말한다.[21]

이 글에서 길게 인용할 여력은 없으나 "나는 크리스찬이다. 한국 민중이 무엇을 바라고 있는지 잘 알고 있다. 한국이 국가 주권을 회복하고 진정한 독립국가가 되고 싶다고 생각하는 것도 이해하고 있다. (그러나) 한국이 독립국가가 되는 길은 신(神)이 허락하지 않으면 열리지 않는다. 예수님을 믿고 신의 가르침대로 살아간다면 독립할 수 있다."[22]거나, "반도의 교육은 총독 정치의 덕택으로 실로 장족의 진보를 거듭하고 있다."[23]라는 마스토미의 말은 식민자와 식민자 기독교인의 역사 인식의 한 단면이다.

물론 그것을 한국 기독교 전체 혹은 광주 양림동에 뿌리내린 기독교 선교 역사 전부라 할 것은 없겠다. 실제 1919년 광주의 3·1운동은 교회와 기독교 계열 학교와 병원 등이 서로 힘을 모아 추동해나갔다. 또한 광주의 3·1운동은 여성의 사회 진출과 시민사회운동의 시작점이기도 했다. 광주 3·1만세운동 이후에 광주에서는 YMCA와 YWCA가 기독교를 중심으로 조직되면서 시민사회운동이 출발하게 된다.[24]

다만 과거의 빛에 비추어 현재를 배운다는 것은 동시에 현재의 빛에 비추어서 과거를 배운다는 것을 의미할 뿐 아니라 역사의 기능은 현재의 상호관계를 통해서 양자를 보다 깊게 이해하려는 점에 있다(곧 역사는 현재와

---

21 위의 책, 123쪽에서 재인용.

22 1928년 10월 고창보통고등학교에서의 훈화. 위의 책, 135쪽에서 재인용.

23 1926년 4월 23일의 고창보통고등학교 낙성식에서의 인사. 위의 책, 135쪽에서 재인용.

24 「3·1운동 100주년 기념 '광주 3·1운동의 빛이 된 기독교인」, 노컷뉴스, 2019.3.5. https://www.nocutnews.co.kr/news/5113533.

양림동에 있는 정율성 생가. 출생지이면서 성장기를 보낸 곳. ⓒ 심영의

동구 불로동에 있는 정율성 생가. 본적지이자 출생지로 알려져 있다. 광주천변 옛 적십자 병원 뒷길에 있다. 광주시에서 기념역사공원을 조성하려고 하자 2023년 여름, 느닷없는 사상 공세로 몸살을 앓고 있어서 공사가 중단되어 있다. ⓒ 심영의

과거의 끊임없는 대화)[25]는 측면에서 광주 기독교가 이룬 근대 계몽의 성취와 그 한계에 대해 균형 있게 살펴보았다. "근대 역사는 우리 민족과 우리 민족의 싦이 중심이 뇌어야 한다, 우리의 역사를 증언하고 보존하기 위해 근대 역사유적들이 전시되어야 한다."[26]는 점은 분명하다.

양림동 근대역사문화마을에는 양림동에서 출생(1914)해서 1976년 중국에서 사망한 음악가 정율성의 생가와 기념전시관이 있다. 정율성은 1933년 중국 난징에서 독립운동단체인 의열단에 가입해 조선혁명군사정치간부학교를 졸업했다. 일본군을 상대로 첩보 활동을 벌이다가 옌안으로 이주했고, 1939년에는 중국 공산당에 가입했다. 해방 뒤에는 북한으로 건너가 활동하다가 〈조선인민군행진곡〉도 작곡했다. 이후 다시 중국으로 건너가 음악가의 삶을 살았다. 1976년 12월 7일에 중화인민공화국 베이징에서 고혈압 등으로 사망하였으며, 중국 공산당이 안배한 바바오산의 '혁명 투사 공동묘지'에 시신이 묻혀 있다.

정율성이 작곡한 〈중국인민해방군가〉는 2008년 베이징올림픽 개막식, 2015년 중국 전승절 행사 등에서 연주되었고, 그의 〈조선의용군행진곡〉은 2000년 6 · 15 남북정상회담 때 평양 순안공항에서 김대중 대통령과 김정일 국방위원장이 인민군을 사열할 때 연주되었다. 중국 베이징 항일전쟁기념관에는 그의 악보 동판이 걸려 있으며, 중국 각 성에 있는 항일기념관마다 그의 방이 따로 개설되어 있다. 특히 그가 작곡한 〈연안송〉은

25 에드워드 카(Edward Hallett Carr), 『역사란 무엇인가』, 김승일 역, 범우사, 1998, 119쪽.
26 김종수, 「식민지 미화 투어리즘 : 군산 근대문화도시 사업」, 『내일을 여는 역사』 71 · 72권, 재단법인 역사와 책임, 2018, 193쪽.

정율성 거리 전시관.
ⓒ 심영의

중국 15억 인민이 가장 애창하는 몇 안 되는 노래 중의 하나로 알려져 있다. 정율성은 2005년 중국 대일전승 60주년 때에 신중국 창건 건국 영웅 100인 중 여섯 번째에 이름이 올랐다. 그는 중국에서 추앙받는 최고의 음악가로 인정받고 있다.

광주시는 해마다 그를 기리는 정율성 음악제를 열고 있으며, 정율성의 생가(동구 불로동)를 복원하는 한편 인근 국립아시아문화전당과 연계, 대규모 중국 관광객을 유치하겠다는 계획과 함께 2018년부터 관련 공사를 이어오고 있다.

문제는 2023년 느닷없는 이념 논쟁이 벌어지고 있는 점이다. 육사 교정에서 홍범도 장군 등 독립지사 5인의 흉상을 철거하려는 움직임과 맞물려 정율성을 공산주의자로 몰아붙이는 대대적인 사상 공세가 연일 격화하고 있다.

음악가 정율성의 삶과 예술가의 윤리에 대해 논구하고 있는 영남대 조응순 교수는 "정율성의 성장과 항일 출정에는 그의 가계가 계승해온 윤리관이 작용했다."고 말한다.[27] 정율성의 부친 정해업은 광주 수피아여고 교직에 있었다. 그는 민족정신이 투철한 지식인이었다. 그는 아들 넷과 딸 하나를 모두 항일투쟁을 위해 중국으로 내보냈다. 정율성은 중국에 가서 의열단이 세운 조선혁명군사정치학교에서 수학하며 사회주의를 받아들인다. 하지만 그가 받아들인 것은 사회주의 이념이 아니라 사회주의적 윤

---

27 조응순, 「음악가 정율성의 삶과 예술가의 윤리」, 『국악교육』 제40권, 한국국악교육학회, 2015, 165~166쪽.

리였다.[28]

　정율성에 대한 그동안의 평가가 지나치게 음악가로서의 측면에 한정되어 진행된 것 또한 사실이다. 정율성은 항일 시기 한국과 중국의 정시를 음악을 통해 표출한 항일투사이다. 〈연안송〉과 〈팔로군행진곡〉으로 알려진 중국의 대표적 작곡가 정율성은 1933년 조국의 독립을 위해 망명길에 오른다. 정율성은 김승곤 등과 함께 조선혁명간부학교 제2기생으로 독립운동의 전선에 동참하였다. 그는 주로 군사, 정치학 등을 교육받았으며, 군사 과목에는 전술학, 지형학, 간이측량학, 보병조전, 사격, 폭파 등이 포함되어 있었다. 정율성은 교과목을 이수하면서 특히 〈국제가〉, 〈적기가〉, 〈소년선봉가〉, 〈최후의 결전〉 등을 애창하는 대원들의 모습을 보면서 혁명가요의 창작에 관심을 보이기 시작하였다. 그는 시간이 있을 때마다 혁명가요 창작에 대한 열정을 보였으며 그가 훗날 〈팔로군행진가〉를 작곡하게 된 것도 이와 무관하지 않다. 1934년 간부학교를 졸업한 정율성은 다른 동학들이 만주 지역으로 파견될 때 난징에 체류하면서 일본인 정보 수집 활동에 참여하였다. 음악적 재능 외에도 일본어, 중국어, 영어를 구사하는 남다른 언어적 재능을 지닌 까닭이었다. 정율성은 난징의 간부학교를 졸업한 후 음악 공부에도 전념하였다. 그는 피아노 공부에 심취하였으며, 후일 친구의 소개로 상하이에 와서 국립음악전과학교에서 교사

28　이 말의 의미는 조응순의 글 말미에서 보다 명료하게 확인할 수 있다. "정율성은 타고난 예술가였다. 부도덕한 제국주의에 저항하는 것은 사회윤리도 아니며 정치윤리는 더욱 아니다. 이것은 보편적인 인간윤리에 속한다. 세상 모두에게 다 그런 것은 아니더라도 최소한 정율성은 그렇게 받아들였다." 위의 글, 181쪽.

로 있던 레닌그라드 음악대학 교수를 지낸 성악가 크리노바(Krennowa) 교수와 인연을 맺었다. 의열단 단장으로 정율성을 아끼던 김원봉의 적극적인 후원이 있어 가능했다. 그는 난징에서 상하이까지 300킬로미터를 왕복하며 크리노바 교수에게서 음악을 배웠다.[29]

하지만 일제가 1937년 중일전쟁을 일으키면서 그도 옌안으로 이동하였다. 여기에는 김성숙의 역할이 컸다. 옌안에 도착한 정율성은 루쉰학원에 들어가 유명한 〈연안송〉과 〈팔로군행진곡〉을 작곡한다. 이것은 후일 중국 〈인민해방군가〉로 공식 승인받게 되었다. 그의 노래는 항일전쟁을 벌이던 수많은 중국인과 한국인들의 가슴을 뜨겁게 만들었다. 하지만 정율성이 음악을 무기로만 여겼던 것은 아니었다. 옌안과 항일무장투쟁 전진기지였던 타이항산을 오가면서 조선의용군 간부로서의 역할도 충실하게 수행하였다는 점은 그가 항일투사로서의 모습도 견지하고 있음을 말해준다. 노래를 통해 항일 의지를 불태웠던 정율성은 최전선을 마다하지 않는 투사로서의 강인한 모습도 보여주었다. 1941년 조선혁명간부학교 건립을 주장할 정도로 항일전 인적 배양에 관심이 있었고 그후 옌안조선혁명군정학교에서 교육부과장 역할을 충실히 수행하였다는 점에서 음악 활동에 전념하면서도 정치적 활동이라고 할 수 있는 조선의용군 간부 역할도 무난하게 수행한 투사이자 전략가로서의 면모도 확인할 수 있다.[30]

그가 중국에서 공산주의 활동을 한 것은 국민당 정부의 소극적인 대일

---

29 김은식, 『중국의 별이 된 조선의 독립군 정율성』, 이상, 2016, 46~47쪽.
30 김주용, 「鄭律成의 생애와 항일민족운동」, 『동국사학』 제51호, 동국역사문화연구소(구 동국사학회), 2011, 329쪽.

시립사직도서관. ⓒ 심영의

항전에 영향받은 바 크다. 그의 시대에 중국에서 일본 제국주의자들과 싸우려는 세력은 공산당이 유일했다. 장제스의 국민당은 자신의 권력 기반을 다지는 일과 공산당 세력을 궤멸시키려는 일을 일본과 싸우는 일에 우선했다. 한국전쟁 후 고향으로 오는 대신 중국으로 다시 돌아간 것은 그의 동지이자 아내가 중국인이기도 하고 젊어서 떠났던 고향보다는 혁명과 음악 활동의 거점이면서 친구와 동지들이 중국에 많았던 때문이다. 그의 아내 딩쉐쏭은 1970년대 후반에서 80년대 초반 사이 네덜란드와 덴마크 대사를 지낸, 여성으로서 대사의 자리에 오른 중화민국 최초의 여성이다. 그는 김일성의 교조주의도 중국의 문화대혁명에 대해서도 그것이 인간의 본질적인 자유를 억압하는 것으로 보아 결코 동조하지 않았다. 정율성은 항일운동가이기도 했지만 뛰어난 예술가이기도 했다. 중국에서 추앙하는 그의 고향이 광주라는 사실은 광주라는 도시의 역사성과도 매우 긴밀한 관계가 있다. 중국과 남북 모두에서 추앙받는 그를 매개로 남북과 중국이 동북아의 평화 공존을 만들어나가는 마중물로 삼는 지혜가 필요하지 않을까.

그럼에도 불구하고 2023년에 그에 대한 매카시즘적 선동이 시작되고 있는 것은 우리나라가 여전히 반공주의의 억압에서 자유롭지 못한 정치적 환경에 있음을 드러내는 사건이다. 히스테리로서의 반공주의는 모든 사람을 '적'과 '나'로 구분해 내부의 적을 색출하는 광기의 정치문화를 만들어내는데, 이 반공·반북주의의 히스테리는 거의 우익 정치권력이 위기에 처했을 때 수사정보기관과 보수 언론이 합작해 진행된다는 점이 그 특징이다.[31] 2023년 광주는 거기에 더해 보훈단체(관변단체)로 변신한 4·19와 5·18 일부 단체까지 가세하고 있는 점이 흥미롭다.

'본래의 신념을 배반한 추문'과 관련하여 프랑스 역사학자 피에르 세르나(Pierre Serna)는 정치적 변절, 타협, 적응을 단순히 윤리적 판단의 틀에서 재단할 것이 아니라 위기의 시대에 나타난 집합적 정치 현상으로 설명할 수 있는 역사학적 틀을 구축해야 한다고 주장한다.[32] 20세기 프랑스 정치가 포르(Edgar Faure)가 2차 대전 전후 공화국의 정치적 불안정성을 냉소하며, "움직이는 것은 바람개비가 아니라 바람이다."라고 했다는데, 프랑스와 우리 특히 광주의 상황을 단순 비교할 수는 없겠으나 양림동 근대역사문화마을에 들어선 음악가 정율성과 관련한 논란은 근대역사문화'마을'을

---

31 김동춘 외, 『반공의 시대』, 돌베개, 2015, 419쪽.
32 권윤경, 「정치적 기회주의에 대한 역사학적 접근 : 피에르 세르나의 『변절자들의 공화국』과 혁명사의 새로운 방향」, 『프랑스사 연구』 제33집, 한국프랑스사학회, 2015, 106쪽에서 재인용.

펭귄마을. ⓒ 심영의

조성하고 그것이 거주민들과 방문객들에게 끼치는 영향과 관련하여 많은 과제를 남기고 있는 점만은 분명하다.

이렇게 양림동은 '서양촌', '신잉촌', '광주 근대문화의 요람' 등으로 불리는 등 광주의 근대사를 이끌었던 인물들이 주로 활동했던 지역으로 현재까지도 다양한 문화예술인들이 활동하는 무대이다. 그러나 시간의 흐름 속에 지역의 쇠퇴 현상이 발생하면서 1990년 이후 재생이 불가피한 대표적인 구도심 중 하나가 되었다.

이후 2010년 양림동을 테마형 역사문화마을로 조성한다는 목표로 '양림동 역사문화마을 관광자원화 사업'이 시작됐다. 20만 제곱미터에 총사업비 307억 원이 투입된 대규모 문화사업 '양림동 역사문화마을 관광자원화 사업'을 통해 양림동은 2017년 문화체육관광부와 한국관광공사가 2년마다 발표하는 '한국을 대표하는 관광지 100선'에 신규로 선정될 만큼 전국적인 주목을 받는 커뮤니티 투어리즘 목적지로서 위상을 갖게 됐다. 그 결과 사람이 찾아오며, 투자가 활성화되고, 중산층의 유입이 시작되는 등 양림동은 침체하고 낙후됐던 지역에서 벗어나 활력 있는 마을로 변모되었다.[33]

2020년에는 펭귄마을을 '공예 특화 거리'로 새롭게 단장했다. 오래된 가옥 20여 채를 리모델링하고, 입주한 공방들은 섬유, 목공, 도자, 금속 등을 소재로 한 공예품을 관광객이 직접 만들거나 구매할 수 있도록 프로

---

33 정유리 외, 「도시관광지 주민의 지역애착도가 관광개발 지지에 미치는 영향: 광주 근대역사문화마을 양림동을 대상으로」, 『관광연구저널』 제31권 7호, 한국관광연구학회, 2017, 25쪽.

그램을 운영한다. 펭귄마을 공예 거리 야외 광장에서는 '빛고을 예술단과 함께하는 도시 속 작은 음악회'를 열었고(2022.11~12), 펭귄마을 거점 예술여행센터에서는 크리스마스 카드, 양림동 나무 브로치, 가죽 카드지갑, 크리스마스리스, 크리스마스트리 마크라메(서양매듭) 장식 등 양림동에서 활동하는 작가들의 핸드메이드 상품을 판매하는 'winter 작은예술마켓'을 여는(2022.12) 등 지역의 관광 활성화를 위한 다양한 기획을 선보였다.

　그러나 이곳 펭귄마을은 그다지 성공적인 투어리즘의 장소는 아니듯하다. 2023년 8월 28일(월) 필자가 방문했을 때는 평일 오후여서 그랬나 싶기도 하지만 방문객이 전혀 없었다. 마을 안에는 사막여우 비밀우체국, 펭귄마을 느린 우체국 등 엽서를 작성해 보낼 수 있는 조형물이 있지만, 펜과 엽서 등이 비치돼 있지 않아 무용지물이었고 펭귄우체국 조형물에는 쓰레기만 가득했다. 또 '펭스토어'라고 불리는 기념품 판매점과 펭 세트 만들기 등 체험 장소는 문이 잠겨 있었다. 2020년 만들어진 '추억의 두레박 체험' 장소엔 펌프와 간이 우물이 놓여 있었지만, 물이 모두 말라 마중물조차 끌어올릴 수 없었고 간이 우물은 자물쇠로 잠겨 있어 체험이 불가능했다. 전체적으로 산만한 느낌이었다. 궁금해서 다녀간 사람들이 다시 올 만한 매력적인 요소가 전혀 없었다. 이는 지역의 관광 활성화를 위한 기획이 결국 거주민의 삶과는 관계없는, 관광객의 시선의 대상으로서 만들어진 장소에서 기인하는 본질적인 문제라고 본다.

　관광객의 시선은 거주자의 생활 감각과는 구별되는 것이다. 양자는 서로 다른 세계에 속한 사람들이다. 누군가에게 기분 좋은 풍경은 다른 누군가에게는 낡고 보기 싫은 것일 수 있다. 관광객의 시선에 의해 재구성되는 세계란 그런 의미에서 모종의 긴장과 선택적인 배제와 은폐를 내포할 수밖에 없다.[34] 이는 펭귄마을뿐 아니라 양동 발산마을 등 도시 재생을 위한 기획에 두루 참고할 비판으로 유용하다.

　도시 공간, 특히 도시 재생과 관련해 자주 등장하는 개념은 문화산업이다. 초기 문화산업의 개념은 (후기) 산업사회에서 대량생산과 소비로 인해 예술이 상품화되어가는 과정을 비판하기 위해 고안된 개념으로 아도르노(Theodor Adorno)와 호르크하이머(Max Horkheimer)가 지칭하였다. 전통적인 관점에서 문화는 인간적인 가치와 창조성을 표현하는 것으로, 산업에는 적대적인 것이었다. 그러나 오늘날 독점 자본주의하에서 문화는 이윤을 추구하기 위한 하나의 사업으로 존재한다는 것이 아도르노의 기본적인 생각이었다.[35] 1980년대 초 문화산업의 영향을 무시할 수 없게 된 영국의 정책 입안자들이 지역 정책 수립과 실천의 과정에서 이의 적극적 활용과 전유를 시도한 것이 문화산업에 대한 개념이 재정립되는 계기가 되었다. 이후 문화산업은 지구적으로 큰 부가가치를 지니는 사업으로 부상했다.[36]

　문화산업은 인간의 정서와 교양, 정신의 계발 등을 두루 포괄하는 삶의 총체적인 양식과 이를 둘러싼 실천과 관련을 맺고 있어 인간의 삶과 직접

34　박소현, 「'문화공간'으로서의 박물관·미술관?」, 『현대사와 박물관』 제5집, 대한민국역사박물관, 2022, 39쪽.

35　신혜경, 『벤야민&아도르노: 대중문화의 기만 혹은 해방』, 김영사, 2009, 97쪽.

36　노영은·류웅재, 「로컬(local) 문화산업과 관리되는 도시 공간: 광주와 대전의 도시 정책에 대한 비판적 담론분석」, 『사회과학연구논총』 제39권 1호, 이화여자대학교 이화사회과학원, 2023, 12쪽.

연결된다. 동시에 문화산업은 대중문화와 미디어를 원천으로 삼고 있어 이를 산업적으로 개발할 경우, 그 파급 효과를 예측하기 어려울 정도로 다양한 이유에서 잠재적으로 큰 부가가치를 지닌 산업으로 인식된다.[37] 문화 정책을 추진하는 데 있어 중앙정부의 방향과 대체로 일치하는 것이 일반적이지만 광주는 5·18민중항쟁이라는 역사적 경험과 '문화도시'라는 지향성으로 인해 문화·역사·민주·평화·인권 등의 가치에 더 심층적으로 접근하는 모습을 보인다. 그러한 맥락에서 구도청 지하에 조성된 국립아시아문화전당 가까운 거리에 있는 양림동과 동명동을 연결하여 문화관광 벨트를 구축하고자 하였다. 양림동은 역사문화마을이 조성되어 있었고, 동명동은 예술·카페거리로 떠오르고 있었기 때문이었다.

실제로 문화전당 일대는 양림동·동명동으로 연결되어 사람들을 효과적으로 유입하는 데 일정하게 성공하였고, 이에 따라 광주의 구도심 공동화 문제를 완충시킨 측면이 있었다. 이는 문화전당 주변 공간을 연결하여 활성화 전략을 추진함으로써 얻은 성과라고 할 수 있다. 그러나 이러한 긍정적 사례에도 광주의 다른 장소들이 도시계획에서 후순위로 밀려나거나 주목받지 못하는, 따라서 광주 내에서도 고른 발전이 이루어지기 어렵다는 문제는 존재했다. 나아가 정책 차원의 지원을 받는 양림동과 동명동은 땅값이 오르며 젠트리피케이션에 대한 우려가 제기되기도 했다.[38]

양림동 근대역사문화마을을 대상으로 도시 관광지 주민의 지역 애착도

---

37 위의 글, 16~17쪽.
38 위의 글, 29쪽.

가 관광 개발 지지에 미치는 영향을 연구한 정유리 등의 연구에 따르면, "정체성과 의존성 측면에서 주택 거주자들이 아파트보다 애착도가 강하고, 거주기간이 오래된(10년 이상) 주민들의 지역 애착도가 상대적으로 높으며, 지역 내 사업장 또는 직장을 가진 주민이 정체성과 의존성 등에서 애착도가 두드러진" 것으로 조사되었다.[39]

그 요인에 대해 정유리 등의 연구는 "장기 거주로 인한 일체감 형성과 더불어 최근의 개발로 인해 양림동이 광주를 대표하는 랜드마크가 됨에 따라 커뮤니티를 지키고 가꾸어온 주역으로서의 자부심이 형성되었고, 커뮤니티 내부에서 경제적 삶을 영위하는 주민이 다수 존재하기 때문이며, 또한 지역 내에서 생활을 영위하며 보내는 시간이 많고, 지역의 아이덴티티로 인해 방문객들이 늘어나 직접적인 경제적 혜택을 누리는 주민일수록 지역에 대한 애착도가 높은 것"[40]으로 판단하였다. 다만 남는 사람들과 떠날 수밖에 없었던 사람들 사이의 애착도에는 당연하게도 차이가 존재할 것이다.

공간에 대한 발전은 모두 '자연적'으로 여겨질 수 있다. 하지만 공간 개념 안에는 사회생활을 조정하기 위한 목적이 내재되어 있다. 사회를 관리하기 위해 갈등을 조절하고 절충해 '관리하기 편한' 하나의 공간 개념을 만드는 것이다. 그런데 양림동의 펭귄마을은 구청의 도시계획에 따라 원

---

39 정유리 외, 앞의 글, 35쪽.
40 위의 글, 35쪽.

주민이 이주해야 하는 상황에 봉착했을 때, 떠나는 이들과 남게 되는 이들로 양분되고 있었다. 이것은 두 가지 측면을 볼 수 있게 하는데, 그중 첫 번째로는 도시 개발이 오히려 거주자의 삶을 디지로 내몰 수도 있다는 점이었다. 이는 모든 지역민에게 지역 개발이 긍정적일 수는 없다는 것을 드러낸다. 이는 같은 공간을 살아내던 정주민 사이에서도 양극화와 소외, 배제의 문제가 중요하게 다루어져야 한다는 점을 시사한다.[41]

두 번째로는 주민 간 연합, 연대가 형성되어 공동의 가치를 위해 움직여왔으나, 각자의 손익이 달라지는 시점에서 연대는 쉽게 해체될 수 있다는 부분이었다. 이와 같은 논의는 공동체와 연합, 시민단체 등의 이름과 함께 '개인'이라는 담론이 강조되고 있다는 점에서 함정을 찾을 수 있다. 개인은 자본 속에서 노동력과 삶을 지배하는 원칙을 바꾸며 가치 증식 욕망을 가지게 된다. 이것은 구체적인 생활 공간에서 실현되는데, 개인의 욕망은 '소유권'과 '이기성'으로 환원되었고, 도시는 '공동사회(gemeinscaft)'가 아니라 '이익사회(gegellscaft)'가 되었다.[42]

개인은 상황에 따라 자본의 논리에 공명하는 주체로 변질되었고, 개인이 참여하는 '공동체'란 '공동사회'를 지향하기보다 물신화된 공간에서 '이익'을 위해 연대하는 집단이 된 것이다. 주지할 것은 경제적 안전과 욕구를 해결하고 삶의 질을 끌어올리기 위해 자원 접근에 대한 관심이 토지 사용의 규제나 인권, 지역민의 삶보다 중요하게 여겨지면, 많은 갈등이

---

41 노영은 · 류웅재, 앞의 글, 35쪽.
42 박영균, 「욕망의 정치경제학과 현대 도시의 위기」, 『마르크스주의 연구』 제6권 2호, 경상대학교 사회과학연구원, 2009, 161쪽.

발생하게 된다는 점이다. 이는 공간이 이용되는 과정에 소외된 주체들의 접근이 보장되어야 한다는 점에서 쇄신이 요구되는 부분이다.[43]

　양림동 근대역사문화마을과 비견할 만한 도시 속 마을로 전주한옥마을을 들 수 있겠다. 전주한옥마을은 전라북도 전주시 풍남동 일대에 700여 채의 한옥이 군락을 이루고 있는 국내 최대 규모의 전통 한옥촌이며, 전국 유일의 도심 한옥군으로 소개되고 있다. 1910년 조성되기 시작한 우리나라 근대 주거문화 발달 과정을 보여주는 중요한 공간으로, 경기전, 오목대, 향교 등 중요 문화재와 20여 개의 문화 시설이 산재되어 있으며, 한옥, 한식, 한지, 한소리, 한복, 한방 등 한(韓)스타일이 집약된 대한민국 대표 여행지다.[44]

　한국교통대학교 김소희 교수는 그의 글에서, "전주한옥마을은 우리에게 낭만과 사랑이 급격히 소멸되는 비정도시의 허기와 공허로부터 생기와 활력을 회복하도록 한다."[45]고 말한다. 그의 지적이 아니라도 삭막한 각자도생 사회와 성과사회의 가중된 압박감과 소진되는 삶은 우리에게 휩쓸리는 삶을 강요하고 있다. 그러할 때 '잠시 쉼'의 장소인 전주한옥마을의 낭만적 분위기에서 우리는 숨 막히는 압박감과 허둥대는 삶으로부터 내적 안정감과 평온함을 비로소 되찾는다고 말한다. 그는 계속해서, "한옥마을의 산책은 산책자로서 다양한 시간대를 교차하며 시간의 향기

43　노영은 · 류웅재, 앞의 글, 35쪽.

44　전주한옥마을 홈페이지. https://hanok.jeonju.go.kr/contents/info

45　김소희, 「전주한옥마을에 나타난 껴안는 낭만적 분위기의 환기와 지속성」, 『비즈니스융복합연구』 제6권 1호, 한국비즈니스학회, 2021, 89쪽.

에 동화되는 치유의 여정이다. 한옥마을의 낭만적 분위기는 평온함과 기쁨의 향유로서 서로의 존재를 대체 불가능한 존재로서 바라보며, 존재의 아름다움을 관조하도록 한다. 한옥마을의 낭만성의 분위기는 우리에게 마음의 평온함과 잃어버린 꿈과 사랑의 기억을 회복하는 치유의 여정이다."라고, 그런데 "한옥마을은 일시적인 위안과 환상의 도피처로서 아니라, 우리의 잊힌 꿈과 타자를 향한 혼불의 열정 그리고 미래에 대한 비전을 새롭게 환기하고 현실에서 역동적으로 뿌리내리는 지속성에서 가치가 있다."라고 그 의의를 강조한다.[46]

다소 격정적이고 추상적인 언급이긴 하지만 도시 속 전통마을의 가치를 "한옥마을의 산책은 우리에게 마음의 여유와 평온감으로 비로소 자신과 타자의 삶을 관조하고 음미할 수 있다."고 명료하게 제시하고 있는 점은 양림동 근대역사문화마을의 지속성을 위한 좋은 참고가 될 수 있을 것으로 본다.

2. 서창향토문화마을

서창향토문화마을은 광주광역시 서구 눌재로 420(광주광역시 서구 세하동 559-1)에 주소를 둔 한옥마을이다. 뒤로는 백마산, 앞으로는 넓은 들과 영산강이 지키고 있는 전형적인 배산임수 지형의 촌락이다. 조선 중기 때

---

46 위의 글, 102쪽.

형성된 이 마을은 임진왜란 때 의병으로 활동했던 삽봉 김세근 장군의 이름을 따 '세동마을'이라고 부르기도 한다. 그의 후손인 조선 후기 거사 야은 김용훈 선생을 기리는 사당인 '야은당'과 향토문화체험관이 자리하고 있다.

마을 주민들의 뜻을 모아 "역사와 전통을 존중하고 이를 지키기 위해 주택 이외 어떠한 건물도 건축할 수 없다"는 공고를 마을 입구에 내건 점이 흥미롭다. 농촌 마을에서 흔히 볼 수 있는 돼지 축사와 같은 시설로 인한 주민들의 불편과 갈등은 없어 보인다. 본래 한옥이 남아 있는 전통마을이었으나, 2000년대 들어 전통문화와 농촌 생활을 체험할 수 있는 전통문화 체험마을로 조성됐다. 고급 전원주택과 오래된 집들이 공존하는 마을이기도 하다.

마을을 관리하는 서구청 소속의 서창한옥문화관에서는 연중 전통문화 강좌, 민속놀이, 예절학당, 한옥 스테이, 농촌 체험 등 다채로운 프로그램을 운영하고 있다. 인근의 관광지로는 서구 8경 중 3경인 만귀정, 용두동 지석묘, 들녘 낙조가 있어 한옥의 운치와 볼거리를 더해준다.

한편, 서창향토문화마을은 전통 농경문화 유산인 〈들노래〉를 재현한 '만드리 풍년제'가 열리는 곳으로도 유명하다. 서창 만드리 풍년제는 7월 백중 무렵 한 해 농사의 풍년을 기원하며 김매기를 재현하는 행사로 1999년 처음 시작됐다. 2023년에 스물다섯 번째를 맞이하는 만드리 풍년제는 2023년 8월 31일 모심기, 김매기를 〈들노래〉와 함께 공연 형식으로 진행했다.

우리 민족은 농경사회의 배경이 되는 마을을 토대로 공동체 문화가 형

서창한옥문화관 정문과 내부. ⓒ 심영의

마을 - 근대적 도시, 그리고 전통과 문화가 어우러진 마을

고급 전원주택과 오래된 집이 공존하고 있는 서창향토문화마을. ⓒ 심영의

성되었고, 공동체 문화 속에 우리 민족의 정체성을 찾을 수 있다. 공동체는 동질성을 가진 소집단과 동일한 개념으로 문화적 동질성을 지니는가 하면 티인과 일체가 되어 협력석 관계를 맺고자 하는 정서적 일체감을 가지며, 일정한 지리적 공간 단위로서 한정된 지역적 집단성을 지닌다.[47]

서구청에서는 서창 만드리 풍년제를 2023년 9월 1일 서구 향토문화유산 제3호로 지정하기도 했다. 이처럼 풍년제와 같은 전통 의례와 마을에서 진행하는 전통문화 강좌와 농촌 체험 등 다채로운 프로그램을 지원하는 까닭은 그것이 전통문화유산으로서의 보존 가치가 있다고 믿기 때문일 것이다. 실제 마을 공동체에서 행하는 전통적인 의례를 통해 마을 주민들의 결속을 다지고 그것은 사회적 통합에 기여할 수 있을 것이다.

풍년제에서 중요한 놀이인 〈들노래〉의 복원과 계승은 마을 혹은 지역의 정체성과 전통성을 되새기는 의미와 연관되어 있다. 이 과정에서 문화적 전승 주체로서 여성은 과거와는 달리 새로운 체제의 변화 속에서 그 역할을 확대하여 계승의 중요한 부분을 담당하고 있는 점도 긍정적인 모습이다. 전통의 계승과 문화예술 복원 과정에서 나타나는 여성의 역할과 위치는 과거에 비하면 매우 적극적이고 열정적이다. 그리고 남성들이 하지 않은 부분을 대신하거나 과거와 달리 오히려 주체적으로 위치를 차지하고서 그 역할을 수행하고 있다.[48]

---

47 임재해, 「농촌 공동체문화의 활성화 방향 구상과 실천 과제」, 『한국민속학』 제33집, 한국민속학회, 2001, 271쪽.
48 서해숙, 「지역여성주의 시각에서 살펴본 민속문화의 전통과 변화」, 『한국민속학』 제57집, 한국민속학회, 2013, 231쪽.

마을 공동체 의례는 마을 공동체 단위로 행해지는 공동 의례를 의미하는데, 20세기 중반까지 한국 사회에서 쉽게 찾아볼 수 있었으나 근대화와 도시화가 급속하게 진행되면서 이제 광수 지역에서는 매우 드문 일이 되었다. 서창향토문화마을은 그런 의미에서 공동체 의례가 잘 보존되어 있는 전통 농촌마을이다. 서창향토문화마을은 도심에서 비교적 먼 거리에 입지하고 있고, 편의점과 같은 생활 편의 시설도 없는 한적한 마을이다. 주민들은 오랫동안 살아온 토박이들과 새로 전입한 주민들로 나눌 수 있는데, 그것은 조금 어색한 공존일 수도 개방적인 삶의 방식으로의 진화일 수도 있겠다.

많은 사회학자의 공통된 물음의 하나는 후기 산업사회 상황에서 '농촌의 해체' 혹은 '공동체의 소멸'이 주장되고 있음에도 어떻게 전통적·공동체적 요소가 엄연히 지속하고 있으며, 또 기능하는가에 관한 것이다. 특히 이러한 전통적인 요소들은 종교의 영역인 마을 단위의 전통적 종교의례나 신앙의 측면에서 더욱 잘 발견된다.[49] 종교의례의 기능에 관한 고전적 연구는 프랑스 사회학자 에밀 뒤르켐(Émile Durkheim)의 종교의례와 사회적 결속에 관한 것이다. 사회적 결속은 지역에 대한 동일시나 애착 정도에 비례하며 그것들은 주로 종교집단을 통해 강화되는 경향이 있음은 많은 선행연구에서 제시하고 있다. 에밀 뒤르켐의 사회 통합이란 사회를

---

49 송정기, 「전통마을의 문화전승과 지역통합의 과제」, 『정치정보연구』 제2권 1호, 한국정치정보학회, 1999, 182쪽.

구성하는 여러 개인과 집단이 공통의 규범과 가치, 바꾸어 말하면 그곳에 거주하는 개인과 집단이 공통의 규범과 가치를 따르는가 그렇지 않은가에 의해 결정되는 개념이다.

따라서 여기서 말하는 지역 통합이란 특정한 지역을 단위로 그곳에 거주하는 개인과 집단이 공통의 규범과 가치, 바꾸어 말하면 지역에 대한 일체감이나 동일시 혹은 결속의 정도를 이야기한다. 그것들은 지역주민들에 의해 형성되고 사회화한 것으로 세대를 넘어 전승된 그러나 동시에 개개인들의 의식과 행위에 외재하여 구속하는 성질을 갖는다. 지역 생활에 뿌리내린 공통의 가치와 신념 체계 즉 문화는 지역 통합을 위해 기능한다. 이러한 문화는 공동의 협동적 생활에서 축적되고 전승되어 온 삶의 지혜인 것이다.[50]

그런데 삶은 사는 것이지 옆에서 관찰하는 구경거리가 아니다. 실재는 숨 쉬는 것처럼 눈에 띄지 않는 친밀한 일상생활이다.[51] 여전히 전통마을 혹은 지역 공동체가 소멸하지 않고 존속하고 있는 까닭을 이보다 더 명료하게 제시할 수는 없을 것이다. 땅 그리고 이웃과의 삶에 밀착된 실재적 삶이야말로 서창향토문화마을의 지속(가능성)을 담보하는 가장 중요한 요소일 것이다. 그런 까닭에 마을이라는 장소는 정감 어린 기록의 저장고이며, 현재에 영감을 주는 찬란한 업적일 수 있는 것이다. 그래서 장소는 영속적이며, 자신의 연약함을 알고 어디에서나 우연과 변화를 느끼는 사람

50　위의 책, 183쪽.
51　이-푸 투안(Yi-Fu Tuan), 『공간과 장소』, 구동회 · 심승희 역, 대윤, 1995, 234쪽.

들에게 내적 안도감을 준다.[52]

다만 여느 전통마을과 비슷한 문제는 주민들의 소득이 일정하게 보장되지 않을 때 그 지속성이 문제될 것이라는 점이다. 농업에 기반한 소득구조와 전통문화 체험학습과 지방자치단체의 일정한 지원만으로 주민들의 생활이 가능할까 하는 질문에 대한 일정한 반응이 최근 있었다. 서구 여성친화마을사업하는공동체(시아, 서창맘, 화삼골 띠;앗, 줌마리봉스)가 공동출자한 '마을에서 즐기자 협동조합'이 최근 서창향토문화마을에서 창립총회를 연 것이다. 협동조합은 공동체 활동을 하면서 취득한 자격증을 활용하여 마을 내 여성 일자리 부족을 스스로 극복해보자는 취지로 미싱, 토털공예 체험 강의 및 마을 공동체 컨설팅을 하는 것으로 광주 마을 공동체의 발전에 기여할 방침으로 알려졌다.[53] 충분해 보이지는 않지만 마을 주민들 스스로의 힘으로 긍정적인 자아를 만들어가려는 노력으로 생각된다.

3. 백화마을과 무등산 평촌마을

백화마을은 광주시 동구 학동 1013번지에 있는 전국에서 유일한, 백범 김구 선생을 기념하는 마을이다. 광주 지하철 1호선 학동 중심사역 1번

---

52 위의 책, 247쪽.
53 김정희 기자, 「광주 서구 '마을에서즐기자 협동조합' 창립총회 개최」, 전국매일신문, 2023.8.31.
    https://www.jeonmae.co.kr/news/articleView.html?idxno=978504.

백화마을 옛터에 있는 백범 김구 선생 기념관. ⓒ 심영의

출구로 나오면 '광주백범기념관'(광주 동구 천변우로 599) 이 있다. 건물 주변
'학동역사공원'은 김구 선생과 백화마을을 기념하고 관련 자료를 기록해
둔 테마공원으로 조성되어 있다. 선생의 동상과 일대기, 광주 최흥종 목
사에게 써준 '화광동진' 등의 휘호 기록판, 두 아들과 국민에게 남긴 『백범
일지』, 북한의 김두봉에게 보냈던 '남북 협상 서신' 등 선생의 독립에 대한
염원과 독립운동에 관한 기록이 전시되어 있다.

특히 백화마을과 관련하여 김구 선생과의 인연을 소개하고 있는 안내
판이 있는데, 그 내용은 다음과 같다.

동구 학동 1013번지 일대는 일제강점기 때 고국을 떠나 살다가 해방이
되자 귀국한 동포들이 어렵게 삶을 꾸려가던 곳이었다. 1896년 명성황후
시해에 대한 복수로 황해도에서 일본인을 처단한 백범은 도망자 시절 광

옛 백화마을 터에는 백범 기념관과 LH 학2마을 아파트 그리고 백화아파트가 들어섰다.
ⓒ 심영의

주에 잠시 머물렀다. 해방 이후 꿈에 그리던 고국으로 돌아온 김구 선생은 그 인연을 잊지 않고 1946년 9월 광주를 다시 방문했다. 광주대성초등학교에서 김구 선생 환영 기념 강연회가 열렸다. 독립운동가였던 서민호 낭시 광주시장이 귀국 동포들의 어려운 삶에 대해 말하자 김구 선생이 그동안 여러 곳에서 성금으로 받은 선물과 해산물과 금품 등을 어려운 귀국 동포들을 위해 사용하라고 모두 내주었다. 서민호 광주시장은 김구 선생이 쾌척한 금품을 종잣돈으로 860여 평의 대지에 4~4.5평 규모의 작은 건물 백여 가구를 세워 귀국 후 어려운 삶을 살아가고 있는 동포들의 삶의 터전으로 삼았다. 마을 이름을 김구 선생의 뜻에 따라 '백 가구가 화목하게 살아가도록' 하는 의미로 '백화마을'이라 하였다.[54]

학동 백화마을은 일제강점기 아픈 역사를 지니고 있다. 1930년대 광주천 상류 직강화 정비 공사를 하던 일본인들은 천변에서 살던 빈민들을 쫓아내고 인근(학동)에 정착하도록 했다. '갱생부락'이라고 이름 붙인 마을은 가운데에 있던 공터를 중심으로 팔(8)거리가 조성된 기하학적 형태였다. 중앙에서 빈민들을 감시하려는 의도가 숨어 있었다. 해방 이후에도 가난 때문에 고향을 찾지 못한 동포들이 모여들며 학동은 빈민촌이 유지됐다.

학동 백화마을은 2000년대 초까지만 해도 골목 문화가 살아 있던 동네였다. 양팔을 뻗으면 닿는 골목 너비만큼 이웃들도 가깝게 지냈다. 하지만 재개발 열풍을 피할 수 없었고 2011년 환경 정비 사업으로 800가구 규모 아파트가 들어서면서 백화마을의 옛 모습은 사라지고 주민들은 뿔뿔이 흩어져 마을의 아름다운 인연도 잊히게 되었다. 광주시와 동구청에서

---

54 조종진, 『학동의 시간을 걷다』, 인북스, 2020, 90~91쪽.

마을－근대적 도시, 그리고 전통과 문화가 어우러진 마을

백범 선생과 백화마을의 아름다운 인연을 기리기 위해 '학동역사공원'을 조성했다. 광주백범기념관은 안중근 의사의 하얼빈 의거 106주년이었던 2015년 10월 26일 개관하였다.

"백화마을 일대에 우뚝 솟은 고층 아파트들이 소외된 계층에게 '그림의 떡'이라면 40상자의 선물을 전재민을 위해 선뜻 희사한 김구의 뜻은 더 이상 찾아볼 수 없다."[55]고 아쉬워하는 이도 있다. 도시 재개발은 일종의 도시 개선 사업이다. 변화하는 사회경제적 환경에 맞춰 도시 공간을 개선하는 도시 재개발은 토지 이용의 고도화와 도시 기능 회복에 중점을 두고 있다. 개발이 도시 토지의 절대적인 확장이라면, 재개발은 기존 공간을 순화시키고 능률적으로 이용함으로써 공간 구조의 합리화를 기하는 과정이다.[56] 문제는 장소 상실로 인한 사회적 균형의 파괴와 타자에 대한 관심의 부재가 팽배해지고 있는 현대사회의 문제점이 고스란히 드러난 데 있다.[57]

장소는 물리적 가치이지만 시간과 공간의 변화, 즉 역사를 통과하고 그 역사를 체험한 사람들의 정서가 채워짐으로써 물리적 영역을 초월한다. 사람과 장소의 정서적 유대를, 정서와 장소와 결합을 토포필리아(Topophilia)란 용어로 이-푸 투안은 설명하였는데,[58] 어느 장소, 지역을 막

---

55 김상기 외, 『백범의 길: 강원·충청·전라·경상 편—조국의 산하를 걷다』, 한규무, 아르테, 2018, 220쪽.
56 한국도시지리학회, 『한국의 도시』, 법문사, 2005, 392쪽.
57 전은희, 「장소로서의 도시와 공간의 장소감 표현 연구」, 『미술문화연구』 제12집, 동서미술문화학회, 2018, 30쪽.
58 이-푸 투안, 『토포필리아』 이옥진 역, 에코리브르, 2011.

론하고 그 장소는 그곳에서 살아가는 사람들의 정서, 그 응집으로 인해 고유의 토포필리아를 지닌다고 할 수 있다.[59]

도시 (재)개발은 자본의 논리에서 자유로울 수 없고, 자본은 본질적으로 배제를 그 특징으로 하는 탓에 백화마을에서 오랫동안 거주했던 사람들은 뿔뿔이 흩어지고 장소를 기반으로 하는 공동체는 해체(토포필리아, 사람과 장소의 정서적 유대)되었다. 다른 한편으로는 어쩔 수 없는 사회경제적 조건으로 백화마을에 둥지를 틀었던 이들은 그곳의 가난한 삶에서 하루라도 빨리 벗어나고 싶지 않았을까. 그들 내부에서도 어쩔 수 없이 위계가 작동했고 자잘한 이해관계에 따라 친소관계가 형성되지 않았을까.

벤야민(Walter Benjamin)은 우리가 품고 있는 행복의 이미지라는 것이 전적으로, 우리 자신의 삶의 흐름이 우리를 원래 그쪽으로 가도록 가리킨 시간으로 채색되어 있다고 보았다. 또한, 우리에게서 부러움을 일깨울 수 있을 행복은 우리가 숨 쉬었던 공기 속에 존재하고, 우리가 말을 걸 수 있었을 사람들과 함께 존재하며 행복의 관념 속에는 구원의 관념이 포기할 수 없게 함께 공명하고 있다고 했다. 도시의 공간에는 시간의 중첩이 공간성과 복잡하게 얽혀 있다. 벤야민이 말했듯이, 과거를 역사적으로 표현한다는 것은 그것이 원래 어떠했는가를 인식하는 일을 뜻하는 것이 아니다. 그것은 '위험의 순간에 섬광처럼 스치는 어떤 기억을 붙잡는다는 것'을 뜻한다.[60] 지나간 삶의 의미를 거주민들이 공유했던 마을 공간 안에서

---

59 이주영, 「장소의 역사성/일상성」, 『공연과 이론』 제54권, 2014, 185쪽.
60 최시내, 「도시 삶과 공동체의 표현 과정으로서 커뮤니티 아트」, 『민족미학』 제14권 2호, 민족미학회, 2015, 157쪽에서 재인용.

동구 남광주시장에서부터 옛 백화마을을 포함하는 학동 일대를 '두루마을'로 명명하고
도시 장소성을 새롭게 만들어가고 있다. ⓒ 심영의

재발견하는 일은 비단 학동 백화마을에서만의 의미에 한정되는 것은 아
닐 것이다.

　일정하게 긍정적인 것은 백화마을은 사라졌지만 마을 옛터에 광주백범
기념관을 중심으로 학동역사공원이 조성되었고, 마을 주민을 중심으로
마을의 역사를 기록하는 작업이 이루어지고, 동구 남광주시장에서부터
옛 백화마을을 포함하는 학동 일대를 '두루마을'로 명명하고 도시 장소성
을 새롭게 만들어가고 있는 점이다.

　장소를 규정하는 장소성도 유지되거나 소멸할 수 있고, 발굴될 수도 있
고 새롭게 형성될 수도 있다. 장소성 만들기는 기존의 장소성을 강화하거

나, 과거에 존재하였으나 소멸한 장소성을 재생산하거나, 또는 새로운 장소성을 인위적으로 형성함으로써 장소의 고유성과 희소성, 매력을 가중시키는 전략적 요소들을 갖추는 과정이기 때문이다.[61]

다만, 백화마을 조성에 결정적인 영향을 끼쳤던 백범 선생의 자취는 기념관으로 남아 있으나 정작 마을에 거주했던 사람들의 흔적은 물론 그들 개개인의 생애사에 대한 기록이 전혀 남아 있지 않은 것은 아쉬운 대목이다. 전재민으로서 비참한 삶을 견뎌야 했던 그들에게 백화마을 조성을 통한 삶의 공간 확보는 현실적으로 큰 도움이 되었을 것이다. 한편으로는 마을 공동체 건설에 참여했던 그들에게 각인된 마음의 상처에는 수치심, 그리고 자존심의 문제가 일정하게 내포되어 있었을 것으로 짐작된다.

'평촌마을'은 무등산 북쪽 자락에 자리하고 있는 동림, 담안, 우성, 닭뫼 네 개의 자연마을로 형성된 아담하고 한적한 농촌마을로 '반디마을'이라고도 한다. 광주광역시 북구 평촌길15(충효동 162-1)에 주소지를 두고 있는 마을 들녘에는 평무뜰이 있어 친환경 우렁이쌀을 재배하고 있으며, 마을 중심으로 흐르는 풍암천에는 도심에서는 이미 자취가 사라진 반딧불이와 무등산의 깃대종인 수달(천연기념물)이 서식하고 있어 우수한 자연생태를 간직하고 있는 지역이다. 조선 시대에는 분청사기를 만들었던 곳으로, 남도의 예술적 혼을 지니고 있는 지역이기도 하다. 현재 마을에 있는 평촌 도예공방이 그 전통을 이어가고 있다. 마을 길목에는 무돌길 쉼터와 반디

---

61 유하나, 「장소성 만들기로서의 도시재생에 관한 고찰」, 『한국지역지리학회지』 제24권 3호, 2018, 476쪽.

평촌마을 입구 안내판. ⓒ 심영의

문화행사를 준비하고 있는 평촌마을 사람들. ⓒ 심영의

민박이 있어 마을을 지나는 이들과 무등산을 찾는 탐방객들에게 편안한 휴식처가 되고 있다.[62]

동림, 담안, 우성, 닭뫼 네 개의 자연마을에 2023년 현재 44가구 113명의 주민이 거주하고 있다. 평촌마을을 아우르는 법정동인 '충효동'은 서석산(무등산) 기슭에 있는 마을로, 1788년 조선 임금 정조가 김덕령 형제와 김덕령 부인의 충, 효, 열을 기려 마을 이름을 충효지리(忠孝之里)라 하여 현재에 이르렀다고 한다.

마을 주변엔 무등산국립공원, 소쇄원, 환벽당, 취가정, 풍암정, 광주호 호수생태원, 충효동 왕버들군, 한국가사문학관 등의 명소가 있다. 무등골 우렁이쌀, 산나물류(고사리, 토란대, 고구마대), 포도, 단감, 고추(건고추), 참기름, 들기름, 꽃차 등의 특산품이 있으며, 2016년 환경부 지정 생태관광 지역으로, 2018년 농어촌 체험 휴양마을로 지정되었다. 도예 공방과 생태학교, 반딧불이 축제 등을 운영하면서 도시 속 전통문화마을로서의 위상을 굳혀가고 있다. 다만 2013년 무등산이 국립공원으로 지정됨에 따라서 마을을 둘러싼 관리의 책임이 이원화된 것은 일정한 문제를 야기한다. 행정상으로는 북구청에 소속되어 있으나 무등산 국립공원으로 지정됨에 따라 국립공원관리공단이 일정 부분 책임을 지고 있다. 이는 시설, 환경을 보수 및 유지하는 데 있어서 책임의 불확실성으로 이어져 마을의 관리가 소홀해지고 있는 현실적 어려움이 있다.[63]

---

62 무등산 반디마을 평촌 홈페이지, 마을 소개, http://www.bandivill.net/?sid=22.
63 노영준·정봉현, 「생태관광을 통한 명품마을의 활성화전략 : 광주광역시 평촌마을 사례로」, 『한국지역개발학회 학술대회자료집』, 한국지역개발학회, 2018, 5쪽.

평촌 반디숲 마을 행사를 위해 마을 하천(풍암천) 위 작은 배에 예쁜 꽃 화분을
실어두어 관광객의 마음을 맑게 만들었다. ⓒ 심영의

김희련 작가가 아이들의 드로잉 체험 학습을 도와주고 있다. ⓒ 심영의

마침 필자가 방문했던 2023년 9월 2일(토)에는 문화가 있는 날 '숲의 별곡'이라는 이름의 마을 행사가 열리고 있었다. 마을 주민들이 한 달 동안 준비해서, 평촌에서 재배한 농산물, 천연염색 체험, 도예 공방, 분청사기에 얹은 다육식물 등을 전시 판매하고 있었다. 관광객이 30~40명 정도인데다 모두 판매해도 소득으로 이어질 것 같지 않은 소박한 전시였다. 마을에 2년 전에 들어와 작업실을 갖고 있는 화가 김희련 씨는 정자에 '반디갤러리'라는 이름으로 평촌마을에 들어와 느낀 이야기들을 그린 작품을 전시하는 한편 아이들을 상대로 간단한 드로잉 체험학습을 도와주고 있었다. 시골 마을에 들어와 살면서 마을 사람들과의 갈등은 없었느냐는 질문에 김희련 작가는 미소를 지으며 "사람들과의 관계는 본인이 잘 만들어 나가는 것"이라고 답하면서 살기 좋은 마을이라고 했다. 주차 안내를 하고 있는 마을 토박이 청년에게 물어보니 의외로 젊은 사람들이 많이 사는데, 본래부터 살고 있는 사람도 있고 도시로 나갔다가 귀향한 이들도 있어서 다른 시골 마을에서처럼 노인들만 있는 마을은 아니라고 했다.

평촌마을은 무등산 국립공원 내에 위치하고 있어서 농촌은 물론 산촌의 풍경을 간직하면서 깨끗한 생태환경이 보존되어 있는 대신 개발이 제한되어 있어서 주민들의 소득 향상엔 한계가 있어 보인다. 따라서 평촌마을은 생태관광 지역으로 지정되어 일정한 지원에 의존하고 있다. 생태관광은 환경적, 사회적, 경제적 지속성을 갖추어야 하는 것이 그 특징이라고 볼 수 있다. 환경적 지속성이란 관광자원이 되는 자연환경과 문화 경관을 보전하고 관광객의 부정적인 환경 영향을 최소화하면서 관광의 편익 중 일부를 보전 활동에 환원하는 것까지 의미한다. 사회적 지속성이란 주민의 참여를 요구하며 역량을 강화하는 것으로 지역주민이 생태관광 의사 결정에 참여하게 하고 그 과정에서 일어나는 갈등을 줄여나가려는 노력을 말한다. 마지막으로 경제적 지속성이란 지역사회의 경제 활동을 보전하고 지역 생산물을 상품화하여 관광 이외의 지역경제 활동을 매력적으로 증진하도록 하는 것을 의미한다.[64]

그렇게 보았을 때 평촌마을이 지속하기 위해서는 고려해야 할 문제가 많아 보인다. 우선 무등산 자락 아래 담양군과 인접하고 있고 도심에서 비교적 먼 거리에 있어서 승용차를 이용하지 않으면 교통이 불편한 점, 곧 관광객의 수요가 많지 않은 문제가 있다. 생태관광 학습에만 계속 의존할 수 있을지, 생태 보전의 대가로 주어지는 지방자치단체의 지원 이외에 주민들의 소득이 향상되지 않으면 주민들의 마을에 대한 애착이 계속될지 알 수 없는 일이다.

마을은 외부 세계와의 상호작용 속에서 끊임없이 변화하는 유동성이 강한 공간이다. 전통적으로 마을 사회는 '생존'이라는 공동의 목적을 토대로 공동체성을 보였고, 부족한 물자와 노동력은 주민들 간의 연대를 통해 확보했다.[65] 학문적 담론 속에서 공동체적 삶과 문화로 도배된 '상상의 공간'으로 마을을 박제화한 경향이 있지만, 그 실상을 들여다보면 이익 추구라는 배후의 감정을 동반한 도구적 합리성으로 점철된 곳이 마을이기

---

64 위의 글, 3쪽.
65 이중구, 「인접 마을 간의 관계성 변화」, 『비교민속학』 제73권, 비교민속학회, 2021, 195쪽.

도 하다.[66]

　마을은 주민들의 일상적 삶이 펼쳐지는 물리적·구체적 장소로서 '공간'뿐만 아니라 주민늘의 삶, 구성, 관계망 등도 외부의 다양한 힘들의 직간접적인 영향을 받으며 변화할 수밖에 없다. 자본주의 이데올로기가 관철되는 근대 시민사회의 전통마을은 도시적 삶과 마찬가지로 개인의 이익 추구가 무엇보다 우선하는 가치가 됨으로써 구성원들 사이 연대의 기반이 약화되었다.[67] 뿐만 아니라 마을 외부의 사람들에게는 배타적인 이미지가 희석되지 않고 있는 점은 전통마을이 그 마을 공동체에 속하지 않은 외부인들에게 과연 어떤 의미가 있는지 숙고를 요구하는 문제다.

　지금까지 살펴본 바 서로 살을 맞대다시피 하고 있는 서창향토문화마을과 무등산 평촌 반디마을 주민들은 역사적 문화적 기억을 공유하면서 그들의 생존을 함께 도모하고 나아가 공동체성을 유지·발전해온 것으로 보인다. 따라서 전통문화마을에 직접적으로 해당되는 문제는 아니지만, 최근 잇달아 보도되었던 귀농·귀촌인들로부터 마을 발전기금을 걷는다거나[68] 고향 마을 선산으로 부모의 묘를 이장하려 할 때 통행세 명목의 금원을 요구한다든가[69] 하는 뉴스는 전통마을을 포함한 농어촌 지역민들이

66　위의 글, 196쪽.

67　위의 글, 197쪽.

68　정길훈 기자, 「"귀촌하려면 마을 발전기금 내라"…농촌 텃세 갈등」, 〈KBS뉴스〉, 2023.6.14. https://news.kbs.co.kr/news/view.do?ncd=7698494&ref=D.

69　온라인뉴스부, 「"통행세 내라" 장의차 막은 주민들 '공갈죄' 경찰 조사」, 『국민일보』, 2017.10.16. http://news.kmib.co.kr/article/view.asp?arcid=0011826139&code=61121111&cp=du

스스로 고립을 자초하는 문제가 된다.

　전통마을을 포함한 한국의 연고 집단은 한국 사회가 개체화 과정에서 발생한 무력함·고독함·허무함 등의 심리적인 불안을 해소해주는 긍정적인 측면도 있지만, 집단 간의 폐쇄성과 배타성 등의 집단이기주의 등의 사회 병리 현상의 요인이 되기도 한다. 문제는 연고 집단을 부정하기보다는 연고 집단의 폐쇄성을 극복한 개방적 네트워크로 전환할 필요가 있다는 점이다.[70]

　물론 앞에서 살폈던 우리 지역의 여러 전통문화마을에서 다양한 프로그램을 마련하고 외부인과 접점을 찾아가는 것은 전통문화마을의 존속과 그 가치에 대한 공감은 물론 지역민의 삶의 질 향상에 매우 긍정적인 일이라고 본다.

4. 양동 발산마을

　광주시 서구 양3동에 있는 발산마을은 1950년대 한국전쟁 피난민들이 정착하면서 이루어진 자연마을이다. 오랫동안 '발산부락'이라고도 했다. 정착촌 초기부터 살았던 주민의 증언("처음에는 여기에서 다섯 집이 살기 시작했어. 사람도 없고, 진흙탕에 거지들이 많아서 동냥하고, 무서워서 집에 있고 그랬당께.

70　이영찬·권상우, 「한국의 사회병리현상에 대한 유가치료학적 접근 : 폐쇄적 사회에서 소통적 사회로」, 『국학연구』 제20집, 한국국학진흥, 2012, 465~466쪽.

사람이 귀해 다섯 가구가 형제간처럼 살았제."[71])에서 짐작할 수 있듯이 발산마을은 도시 내 대표적인 달동네, 빈민촌이었다.

1960년 전남방직·일신방직 노동자들이 비교적 저렴한 주거비를 이유로 모여 살던 마을로, 1970년대까지 여공들의 집단 거주지였다. 한국전쟁 당시 미군이 긴급하게 활주로로 사용하려고 들여온 구멍 뚫린 철판은 전쟁 이후 자연스럽게 다리도 되고, 울타리가 되기도 했다. 발산마을과 방직공장이 있는 건너편 임동 사이에는 광주천이 흐르고 있다. 사람들은 하천에 놓인 징검다리 혹은 구멍 뚫린 철판으로 만든 '뽕뽕다리'를 건너 공장과 집을 오갔다. 1975년 홍수로 인해 '뽕뽕다리'가 유실되었는데, 2023년 5월 11일 그때 그 시절을 재현한 새로운 뽕뽕다리가 만들어졌다.

1990년대 들어 방직업의 쇠퇴와 함께 도심 공동화로 발산마을 주거인구가 급격하게 감소하기 시작했다. 환경은 열악했다. 초고령층 인구가 많은 데다, 인구 유출로 인한 공실과 폐가가 많았다. 골목길은 경사길에 구불구불한 데다 비좁고, 남아 있는 집들은 낡은 채 방치되다시피 하고 있었다. 이에 서구청에서는 2015년 마을 활성화와 관광을 위해 50억을 들여 '청춘발산마을'을 조성했다.

하지만 최근 광주일보 취재에 따르면 '청춘발산마을' 재생사업은 성공한 것으로 보이지 않는다. 기사에 따르면, 우선 발산마을에선 관광객을 찾아볼 수 없었다. 12개 청년 입주 공간이 있으나 이 중 '빛고을 사진 문

---

71 유다희, 「이웃문화를 통해 마을의 변화를 만들다 : 광주광역시 청춘발산마을 사례」, 『한국주거학회 학술대회논문집』 제30권 1호, 한국주거학회, 2018, 41쪽에서 재인용(마을 이야기 책자 14쪽).

뽕뽕다리, 양3동 발산마을에서 임동으로 건너갈 수 있다. 다만 지금은 다리를 건너 양쪽 동네로 오갈 일도 오가는 사람도 거의 없는 게 현실이기도 하다. ⓒ 심영의

고즈넉한 발산마을 골목길. ⓒ 심영의

화포럼'을 제외한 모든 곳이 문을 닫은 상태였다.[72] 공예 체험과 게스트하우스, 카페와 방문자 센터 등에는 이용할 관광객도, 공간을 지키고 있는 이들도 없었다. 마을 게시판에는 2020년 공연 팸플릿과 빛바랜 코로나19 포스터가 붙어 있었다. 빌라 주차장의 페인트는 모두 벗겨져 흉물스러웠고 내부는 골목 주차 차량으로 인해 포토존으로 마련된 공간을 제대로 활용할 수 없었다. 중국인 팬들이 광주 출신 아이돌 BTS 제이홉의 생일을 기념해 그린 벽화가 있지만 제이홉 얼굴 일부는 뜯겨 있었다. 명소로 알려진 108계단 아래 비어 있는 공간에는 이불과 막걸리병이 놓여 있는 등 노숙자 쉼터로 추정되는 공간이 있었고, 쓰레기 등이 널브러져 있어 악취까지 났다. 관광객 체험을 위한 '청춘발산마을 미션투어'도 있지만 미션 수행 후 선물 수령지인 '플라스틱 정류장'은 화요일~토요일 오후 1시부터 오후 6시까지만 운영하고 있어 오전 시간대에는 수령도 어려웠다. 발산마을에 진입하는 버스는 두 개 노선밖에 없어 접근성에 따른 불편도 컸다.

김남준 발산마을 샘물경로당 부회장은 "청년 딱지가 붙어 있지만 사실상 청년은커녕 어른도 없다. 사람들을 끌어올 수 있는 무언가가 필요하다"고 말했다. 광주 서구청 발산마을 담당자는 "낙후된 공간을 거점시설로 만드는 게 발산마을의 가장 큰 목표였다. 비어 있는 도심을 채우는 개념으로 시도한 사업"이라며 "외부 사람들이 찾아올 수 있는 방향으로 주민들과 적극적으로 소통해 마을이 활성화될 수 있도록 가꿔 나가겠다."고

---

72 2023년 8월 필자가 방문했을 때는 이마저 문을 닫은 상태였다.

내가 꿈을 이루면
나는 누군가의 꿈이 된다

발산마을 어느 집 벽화. ⓒ 심영의

밝혔다.[73]

 그러나 행정당국의 의지만으로 그러한 바람이 성공하기는 쉽지 않다. 광주천을 사이에 둔, 발산마을 건너편 임동의 경우 재개발로 대규모 아파트단지가 형성되고 따라서 주거환경이 눈에 보이게 개선되었으나 발산마을은 우선 입지 자체가 언덕길과 비탈길의 경사면이 많아 재개발 자체가 쉽지 않아 보인다. 현재 거주하고 있는 세대 대부분이 고령층에다 오래되고 낡은 집들이 많아 재개발을 통한 도심 재생은 어렵겠다는 판단이 든다. 무엇보다 근본적인 질문은, 마을 공동체를 마땅히 '추구해야 할 어

73　김다인 기자, 「광주 테마마을 보러왔다가…실망만 안고 돌아간다」, 『광주일보』, 2023.5.23. https://post.naver.com/viewer/postView.naver?volumeNo=35984959&memberNo=44604681&vType=VERTICAL.

떤 실체'로 가정할 경우에 그 공동체는 '상상의 지리'가 된다는 점이다. 그리고 이것은 과거 공동체의 실체를 복원하려는 실천으로 이어진다. 그러나 공동체를 무엇으로 규성하지 않고 현재를 극복하는 가운데서 끊임없이 생성되는 것으로 이해할 때 공동체는 '실재의 지리'가 된다.

2023년 여름에 필자가 방문한 발산마을은 시골 읍내 마을을 연상시키는 고즈넉한 풍경이었다. 옛날(1980년대)과 비교할 때 골목이 정비되고 인도도 말끔해서 마을을 재생하려고 애쓴 흔적이 느껴졌다. 그러나 마을의 '역사문화박물관' 문은 자물쇠로 굳게 잠겨 있었고, 마을 가게인 '발산수퍼마켓'도 '독립창작공간'도 부식 가게인 '우리상회'도 음식점으로 보이는 '별별행복주방'도 유일한 커피숍도 '광주소비자공익네트워크'도 모두 문을 닫은 상태였다. 청년이 살지 않는, 더구나 외부인이 찾아올 만한 아무

문이 닫혀 있는 양3동 역사문화박물관. ⓒ 심영의

런 매력을 찾을 수 없는 퇴락의 이미지로만 남은 오래된 마을이 아닌가 싶었다.

오늘날 공동체에 대한 관심이 증가한 이유는 그동안 산업화와 도시화 과정에서 '성장'이라는 미명하에 부서져 버렸던 일상의 삶과 사회적 관계의 회복과 관계가 있다. 그럼에도 불구하고, 하나의 이상으로 공동체를 이념화, 혹은 현실화하려는 시도들 때문에 공동체적 관계가 형성되는 사회공간적 맥락에 대한 관심은 상대적으로 저조하다. 비록, 마을 공동체의 복원 또는 만들기가 정책의 대상이라 할지라도 돌봄, 호혜성, 나눔, 연대와 같은 긍정적 용어를 동원하여 현실과 이상의 괴리를 메우기보다는 사람들이 어떻게 서로의 차이를 확인해가면서 공통의 짜임새를 만들어 가는가에 더 주목할 필요가 있다.[74]

이명호는 우리 사회가 급속한 산업화와 도시화 과정을 거치면서 경제적 부는 축적하였지만, 이웃들 간의 신뢰와 유대감은 사라졌다고 진단한다.[75] 즉 도시화 과정에서 대면적 의사소통과 상호 협력에 기초한 공유의 가치와 규범 그리고 장소적 정체성 등이 사라졌고 그 결과로서 지역사회의 해체가 이어지고 있다는 것이다.[76] 이러한 진단은 그 대안으로 지역 공동체, 최근에는 마을 공동체 복원과 관련된 운동 또는 정책으로 구체화

---

74 주문희, 「마을 공동체 구성과 차이·공존의 장소 정치」, 전남대학교 대학원 사회교육학과 박사학위 논문, 2019, 4쪽.

75 이명호, 「공동체의 위기와 복원에 관한 탐색적 연구 : 향촌공동체와 마을공동체를 중심으로」, 『사회사상과 문화』 19(1), 2016, 87~94쪽. 주문희, 위의 글, 25쪽에서 재인용.

76 최병두, 「살기 좋은 도시를 위한 지역공동체 복원 방안」, 『국토지리학회지』 40(4), 2006. 주문희, 위의 글, 25쪽에서 재인용.

된다.[77]

공동체의 복원은 상실을 전제로 한다. 그런데 이 상실은 두 가지의 이중적 의미를 갖고 있다. 이 때문에 잃어버린 것의 복원은 모순적인 방식으로 전개된다. 공동체의 복원은 공동체의 장소를 발견하거나 재발견하는 데 있지 않다. 오히려 공동체의 복원은 단수적 공동체가 아닌 존재 자체가 관계가 되고 공동체가 되는 것에서 그 답을 찾아야 한다. 현재 우리나라에서의 공동체의 복원은 두 가지에 목적을 두고 전개되고 있다. 하나는 마을의 복원이고 다른 하나는 공동체적(또는 사회적) 관계의 회복이다. 박경섭은 한국 사회에서의 공동체의 귀환이 한편으로는 진부하고 다른 한편으로는 혁신적이라고 논한다. 그 이유는 현행의 마을 공동체 복원이 근대 이전의 마을에 대한 향수와 관련이 깊고 그러면서 다른 삶의 형태를 상상하고 실천하기 때문이다.[78]

5. 월곡동 고려인마을

전통문화마을은 아니지만 광주광역시 광산구에 들어선 조금 특별한 마을이 있다. 2000년부터 광산구 월곡동에 터를 잡기 시작해서 2004년 고려인 공동체를 구성하고 2014년에 정부(법무부)로부터 드디어 '비영리법인

---

77 주문희, 위의 글, 25쪽.
78 박경섭, 「공동체 만들기의 정치 : 이념, 담론, 실천」, 『인문학연구』, 55, 2018, 7~34쪽. 주문희, 위의 글, 25쪽에서 재인용.

고려인마을' 설립 허가를 받은 '고려인마을'이 그것이다. 2023년 현재 약 7천여 명이 머무르고 있는 전국 최대의 고려인마을이다. 경기도 안산의 '땟골마을'과 인천에 있는 '함박마을'에도 고려인 이주민들이 집단적으로 거주하고 있으나 광산구 월곡동 고려인마을이 국내 대표적인 고려인 동포의 생활 중심지가 되었다.

고려인(高麗人)은 소련 붕괴 후의 구소련 지역 전체에 거주하는 한민족을 의미하는 명칭이다. 일제강점기라는 근대사의 비극이 결과한 이방인 아닌 이방인이기도 하다. '중앙아시아 고려인'을 둘러싼 상징적 표식과도 같은 것이 바로 1937년 강제 이주라는 비극적 사건이다.[79]

오늘날 국외로 이민을 나간 이른바 해외 거주 동포들은 170여 개국에 분산되어 있고 그 수는 700만 명에 달한다. 그중에서 가장 오래된, 160여 년에 걸친 이민의 역사를 가진 동포가 고려인들이다. 19세기 중반 함경도 농민들이 연이은 흉년과 탐관오리들의 가렴주구(苛斂誅求)로부터 벗어나 러시아 연해주로의 간헐적 이주를 감행한 이래, 1869년 대흉년으로 인해 폭발적인 규모의 이주가 이어졌다. 20세기에도 1937년 스탈린에 의해 자행된 중앙아시아로의 강제 이주, 1953년 스탈린 사후 개별적인 분산 이주, 1991년 구소련 붕괴 이후 독립국가의 민족주의 운동의 강화와 내전으로 인한 남부 러시아, 북캅카스 지역, 우크라이나 그리고 연해주로의 재이주, 그리고 급기야 2000년대부터 "역사적인 조국의 땅" 한국으로의 귀

---

79 최진석, 「애도와 기억 : 1937년 고려인 강제이주의 비극」, 「뉴 래디컬 리뷰」 제2권 4호, 2022, 386쪽.

환 이주가 복잡다단한 정황 속에서 전개되었다.[80]

국내 거주 고려인 동포들 중에서 우즈베키스탄 출신이 압도적으로 많은 이유는 무엇보나노 성지·경제적 상황으로부터 기인한다. 2000년대 들어서면서 우즈베키스탄의 경제성장률은 독립국가연합 중 가장 낮은 4%에 그치게 된다. 이와 같은 정치사회적 혼란과 경제적 곤경에 처한 고려인 동포들이 결국 러시아 연해주로 재이주하거나 한국으로 귀환 이주를 결심하게 된 것이다. 우즈베키스탄이 아닌 다른 국가 출신의 고려인 동포들도 사정은 별반 차이가 없는 것처럼 보인다. 이러한 흐름 속에서 2004년 8월 고용허가제의 시행과 더불어 소수의 고려인들이 일자리를 찾아 광주광역시 광산구에 소재한 월곡동 일대에 거주하기 시작했다.

광산구 월곡동에는 하남공단, 평동공단, 소촌공단 등 수도권이나 부산·울산·경남지역 등과 비교하면 그 규모가 크지는 않으나 광주 지역의 주요 공단이 입주해 있다. 월곡2동은 하남공단의 배후 주택단지로 개발되었고, 건평 약 60평 규모의 비슷한 모양의 단독주택단지가 조성되었다. 원룸과 같은 다세대주택도 많이 들어섰는데, 공단에서 일자리를 구한 고려인들이 비교적 저렴한 월세로 거주하기 시작하면서 일대가 자연스럽게 고려인들의 생활 근거지로 자리 잡았다. 그로부터 10여 년이 지난 2013년 광주광역시의회는 전국 지자체 중 최초로 "고려인 주민들의 지역사회 적응과 권익증진 및 생활 안정을 도모하여 자립 생활에 필요한 행정

---

80 김기성, 「경계투쟁과 아장스망: 광주 광산구 고려인마을의 횡단지역성」, 『인문학연구』 제64집, 조선대학교 인문학연구원, 2022, 440쪽.

광산구 월곡동 518-6번지에 있는 고려인마을의 핵심시설, 고려인종합지원센터.
ⓒ 심영의

고려인마을. ⓒ 심영의

적 지원 방안을 마련함으로써 이들이 지역사회에 정착할 수 있도록 하는 것을 목적으로" 한 고려인 주민 지원 조례를 제정했다.[81] 이후 마을에서는 매년 10월 셋째 주 일요일을 '고려인의 날'로 지정하여 다양한 행사를 열고 있다.

2022년에 발발한 러시아-우크라이나 전쟁은 대규모의 난민을 발생시켰는데, 우크라이나에 거주하던 고려인 중 일부가 한국으로 유입되고 있다. 2023년 3월 26일 법무부가 배포한 자료에 따르면, 전쟁 이후 한국으로 들어온 우크라이나 고려인은 약 1,200명 수준으로 추산된다.[82]

오늘날처럼 고려인마을이 안정화되기까지 우즈베키스탄 출신 신조야 씨의 노고가 매우 컸다. 그 이전에 고려인마을 공동체는 이천영 선생(목사)이 설립하였다. 1988년부터 전남여상에서 교사로 근무했던 그는 1998년 임금을 제대로 받지 못해 어려움을 겪고 있는 이주노동자를 우연히 만나게 된다. 그 인연으로 초기에는 주로 이주노동자들의 체불 임금을 받아주는 일을 하다가 광주전남 교사들로 구성된 교직자 선교회 회원들과 동료 교사들의 도움으로 광산구 하남공단에 있는 한 창고를 임대해 외국인 노동자 문화센터를 개원했다.

이후 외국인 노동자 무료 진료소, 인권상담소, 공단 교회, 외국인 노숙자 쉼터, 무료 급식소 등을 세웠다. 이들을 돕는 일을 20여 년이나 했다. 2002년에 신조야 씨를 만나게 되었고, 두 사람은 고려인들의 현실적인 어

---

81 위의 글, 437쪽.
82 고가영, 「우크라이나 전쟁 난민 유입과 광주 고려인마을 공동체의 확장」, 『HOMO MIGRANS』 제28권, 이주사학회, 2023, 17쪽.

려움을 해소하기 위해 의기투합했다. 신조야 씨는 2001년 한국에 거주하고 있던 딸을 만나기 위해 입국했다가 전남 함평의 한 콘크리트 회사에서 일하고 있었다. 임금 체불 등의 어려움을 겪던 중 이천영 선생을 만나 도움을 받았다. 오늘날 고려인마을을 일군 사람은 신조야 씨지만 그것을 가능하게 했던 사람은 이천영 선생인 셈이다.[83]

이천영 선생과 신조야 씨를 중심으로 2004년 9월 고려인 20여 명이 고려인 공동체 모임을 만들었다. 이 모임은 차이의 공간으로서의 공동체, 달리 말해 한민족 동포이지만 외국인으로서 겪었던 차별의 경계를 넘어서려는 몸체들의 웅얼거림과 꿈틀거림으로부터 솟아난 공동체라 할 수 있다. 2005년 9월에 이 공동체 모임 산하에 상담소가 열렸고, 이 상담소는 2009년 1월 '고려인지원센터'로 성장했으며, 급기야 2014년에 법무부로부터 '사단법인 고려인마을' 설립 허가를 받게 되었다. 이것이 광산구 월곡동 고려인마을의 역사적 출발이라고 볼 수 있다. 달리 말해 저 차이 공간이 법적으로 제도화된 공간으로 재현된 것이 '(사)고려인마을'이다.[84]

현재 고려인 마을 대표인 신조야 씨는 고려인 마을이 걸어온 길과 앞으로 걸어갈 길에 다음과 같이 말한다. 처음 시작할 때와 비교하면 객관적 사정이 조금 나아졌기는 하겠으나 고려인 마을을 일구고 정착하기까지의 고된 여정을 다소 이해하는 데 도움이 되겠다 싶어서 요약해서 소개하면 다음과 같다.

---

83 위의 글, 23쪽.
84 김기성, 앞의 글, 443쪽.

저희 고려인은 일제강점기 '국권을 회복하겠다' 는 일념으로 가산을 정리한 후 어린 자녀들의 손을 잡고 피눈물을 흘리며 정든 고향을 뒤로한 채 러시아 연해주와 북간도로 떠났던 여러분의 수중한 핏줄입니다.

지금은 아무도 관심을 기울여주지 않는 고려인의 후손이지만 황무지를 개척했던 조상들의 피가 흐르기에 조상의 땅 광주에서 새롭게 시작하려 합니다. 정부 지원도 없고, 관심도 없고, 독립운동을 위해 헌신했던 독립 유공자의 후손이라는 것도 알아주지 않지만, 우리의 힘으로 이 땅을 개척해 나가려 합니다.

이를 위해 우리는 광주 광산구 월곡동에 정착, '국권 회복을 위해 독립운동에 헌신했던 선조들의 유지' 를 받들어 고려인마을을 형성한 후 협동조합도 만들고, 자체적인 어린이집 운영, 고려인마을 주민지원센터, 고려인마을 지역아동센터, 쉼터, 고려인 마트, 여행사를 운영하며 살아남아, '자랑스런 한민족의 후예' 임을 증명해내겠습니다.[85]

신조야 고려인마을 대표는 1956년 우즈베키스탄 타슈켄트에서 가난한 집안의 둘째 딸로 태어났다. 그의 부모님은 2차 세계대전 당시 방화 작전을 수행하다가 나치에게 붙잡혀 온갖 고문을 당하면서도 동지들과 국가기밀을 누설하지 않고 끝내 처형당한 소녀 영웅 '조야 코스모데미안스카야'의 이름을 따서 '조야'라는 이름을 붙여주었다. 앞에서 간략하게 언급한 것처럼 신조야 씨는 2001년 한국에 거주하고 있던 딸을 만나기 위해 입국했다가 2002년 이천영 선생과 만나게 되고 2004년 9월 고려인 20여 명을 모아 월곡동에 고려인 공동체 모임을 만들었다. 처음에는 모든 것이

---

85 https://www.koreancoop.com/sub.php?PID=0106 사단법인 고려인마을 홈페이지, 고려인마을 대표 신조야, 2004년 3월. 고려인마을의 연혁 등에 대한 상세한 안내는 홈페이지를 참고할 것.

고려인마을을 일군 신조야 고려인마을 대표.
ⓒ 심영의

힘들었다. 우선 언어를 통한 소통이 충분하지 못했고 당국의 지원이 없는 상태에서 초인적인 의지와 이천영 선생을 비롯한 동포들의 헌신적인 도움으로 지금의 마을 공동체를 만들 수 있었다.

그녀에게 지금의 장소, 고려인마을은 어떤 의미인가 하는 질문을 했다.[86] 무엇보다 "고국을 갖게 되었다는 것, 진정한 의미에서 삶의 터전을 일구었다는 것"이 다른 어떤 것과도 비교할 수 없는 큰 선물이라고 했다.

그도 그럴 것이 항일독립운동이나 농업 이민으로 연해주로 건너가 살던 고려인들은 1937년 스탈린의 강제 이주 명령으로 3만 6442가구 17만 1781명이 우즈베키스탄과 카자흐스탄 등 중앙아시아를 향한 6천 킬로미터가 넘는 기나긴 여정에 나서야 했다. 추위와 굶주림과 풍토병 등으로 수를 셀 수 없을 만큼의 동포들이 목숨을 잃었다. 그렇게 이주해 간 낯선 곳에서 고려인들은 굴을 파고 살거나 마구간 등지에서 살며 굶주림과 추

---

86 고려인마을 '고려인종합지원센터'에서 인터뷰, 2023.8.28.

위를 견뎌야 했다. 그러나 1991년 소련이 해체되고 연방에서 독립한 중앙아시아 국가들은 자국민 우선 정책을 실시해서 고려인들은 점차 사회의 변방으로 밀려난다.[87] 그렇게 떠돌면서 냉대를 받았던 고려인들이다. 고려인이되 한국어가 아닌 러시아어를 써야 했던, 어디에서나 이방인이었던 고려인들이 할아버지의 나라, 한국에 정착했다.

그런데 고려인 동포들은 새로운 삶의 터전을 찾아 기나긴 시간을 우회한 후에야 비로소 역사적 뿌리인 고국의 땅으로 귀환할 수 있었다. 그들은 합법적인 절차상 한국의 출입국관리사무소에 신고하면 '공식 외국인 신분증'을 손에 쥐게 된다. 즉 그들은 국가의 경계를 넘어 영토에 들어오는 순간 '한민족' 동포이지만, 외국인이라는 이중의 표식을 받는 것이다.[88] 그러나 2009년 1월 설립한 고려인마을종합지원센터는 다양한 행사들, 즉 2013년부터 매년 10월에 '고려인의 날' 축제, 설과 추석 때마다 고려인 잔치, 2017년 '고려인 강제 이주 80주년 기념사업'의 일환으로 연극 공연, 고려인영화제, 국립아시아문화전당 내 고려인 역사 관련 전시회 등과 같은 행사들을 꾸준히 진행해오고 있다. 2019년 100주년을 맞이한 3·1독립만세운동과 8·15광복 기념일에는 고려인마을 내 공원에서 항일운동과 독립을 기념하는 태극기 흔들기 행사를 진행함으로써 고려인이 항일독립군 후손이라는 이미지를 강화하고 있다.[89]

일제강점기, 대한독립군을 이끌며 봉오동 전투에서 승리한 여천 홍범

---

87 남인희·남신희, 「광주 고려인마을을 가다」, 월간 『전라도 닷컴』, 2017년 11월호 제187호, 15쪽.
88 김기성, 앞의 글, 442쪽.
89 위의 글, 446쪽.

월곡동 고려인마을 다모아 어린이 공원 안에 있는 홍범도 장군 흉상. 장군의 유해 봉환 1주년을 맞은 2022년 8월 15일, 흉상제막식이 있었다. ⓒ 심영의

도 장군의 유해가 2021년 광복절인 8월 15일 고국으로 돌아왔다. 카자흐스탄 크즐-오르다를 출발한 홍범도 장군의 유해가 서거한 지 78년 만에 고국으로 돌아와 대전 현충원에 안장되었다. 1920년 6월 7일 봉오동전투에서 일본군 157명을 사살하며 독립군에게 최초의 대규모 승리를 안겨준 홍범도 장군(1868~1943)은 북방지역의 한국인들에게 영웅이었다. 그러나 1937년 스탈린에 의한 조선인들의 강제 이주 정책에 따라 중앙아시아로 옮겨 갔고, 카자흐스탄의 한 극장과 정미소 등에서 잡역부 일을 하다가 해방을 보지 못하고 쓸쓸하게 죽었다. 광주 고려인마을에서는 2020년 8월 마을 중앙에 장군의 흉상을 세우고 제막식과 함께 헌정 연극을 공연하는 등 자신들의 긍정적인 정체성을 만들어가는 데 노력하고 있다. 그러나 고려인이라는 정체성 못지않게 제각기 개별적이고 특수한 삶의 과정을 거쳐온 고려인들의 결속에 중요한 요인 중 다른 하나는 언어를 기반으로 한 복합적 고유문화를 들 수 있다.

지난 150여 년 동안 연해주와 중앙아시아에 거주해오면서 러시아인을 비롯한 주류 민족의 지배적인 문화에 동화되어간 것도 사실이다. 그럼에도 불구하고 다른 민족과는 구별된 자기만의 관념과 의식과 정체성을 발전시켜온 데에는 공동체의 관례와 규범을 형성해 놓은 시초의 언어가 있었기 때문일 것이다.[90]

그런데 2023년 8월, 보수 정부의 관료들이 홍범도 장군 등 독립운동에 헌신했던 애국지사들에게 느닷없이 이념 공세를 가하기 시작했다. 육군

---

90 김병학 외, 『고려인의 삶과 모국어』, 고려인인문사회연구소, 2018, 15쪽.

사관학교가 일제강점기 독립전쟁에 나섰던 홍범도 · 김좌진 · 지청천 · 이범석 장군과 독립군 양성기관인 신흥무관학교 설립자 이회영 선생의 흉상을 교내에서 철거 · 이전하는 방안을 추진하고 있는 것이다. 여러 논란과 비판이 일자 다른 동상은 그대로 두고 홍범도 장군의 흉상만 이전하겠다는 계획을 밝혔다. 홍범도 장군에게 가하는 이념 공세의 내용은 그가 소련 공산당에 가입한 전력이 있다는 것이다.

홍범도 장군은 구한말 의병 전쟁부터 1920년대 독립전쟁에 이르기까지 한국독립운동사에서 무장투쟁의 상징적 인물로 평가된다. 그러나 중앙아시아 고려인사회에서 홍범도의 역사적 위상은 그 이상으로 평가되고 있다. 중앙아시아 고려인은 1940년대부터 문학작품 창작과 신문 등 언론을 통해 업적을 기리는 한편, 분묘사업과 거리 조성사업을 벌이면서 홍범도의 상징성을 강조하고 있다.

1941년 독소전쟁이 발발하자, 고려인 사회에서 홍범도는 독립운동가 이상의 상징적 인물로 부각된다. 고려인 사회도 전쟁에 참여해야 한다는 여론이 일면서, 무장투쟁의 '전설'인 홍범도가 부상한 것이었다. 당시 고려인 사회는 1930년대 후반 스탈린(1879~1953)의 숙청 아래 상당수의 지도자들을 잃고 구심점과 방향을 상실한 채 지내야 했다. 더욱이 고려인은 일본의 첩자라는 누명을 쓰고 '적성민족'으로 몰리기도 했다. 홍범도는 이미 70대 고령이었지만, 고려인 사회의 새로운 희망으로 떠올랐다. 홍범도는 일찍이 레닌으로부터 무산계급 출신의 항일 빨치산 혁명가로 인정받았을 뿐 아니라, 독소전쟁 때는 참전 의지를 강하게 표출한 바 있었다. 고려인은 홍범도를 '이상적 소비에트 시민'이라고 생각했다. 고려인 사회는 스탈린의 소수민족정책 변화가 민족 명예를 회복할 수 있는 기회라고 보았다. '적성민족'으로 몰렸던 고려인은 거주 이전과 고등교육의 제한 등 사회적 불이익을 받았기 때문에 고려인들의 명예 회복은 그들의 민족 정체성뿐만 아니라, 현실적으로도 중요한 문제였다. 홍범도가 이 시기 고려인 사회에서 상징적인 인물로 부각된 것은 이러한 이유에서였다.[91]

일제의 토벌에 밀린 독립군들이 소련으로 퇴각할 수밖에 없었던 당시의 시대 상황과 중앙아시아로 강제 이주를 당하면서 겪어야 했던 고려인들의 참담한 삶을 살피지 않고 독립 영웅들마저 이념으로 덧칠하여 국민을 분열시키는 것은 정치적 목적을 위해 독립운동의 역사를 왜곡하려는 불순한 시도일 뿐이다. 대한독립군을 편성하고 봉오동전투(1920.6)와 청산리전투(1920.10)에서 일본군을 크게 무찌른 독립전쟁의 영웅 홍범도 장군은 정치적 의도를 갖고 냉전 시대의 유물인 반공의 논리를 다시 꺼내 재단할 대상이 아니다.

고려인마을 신조야 대표에게 관련한 질문을 했다. 그녀에게서는 "가족을 잃으면서 평생 독립운동에 헌신했던 애국지사를 그렇게 대접하는 것은 옳지 않다."는 단호한 대답이 돌아왔다. 다만 우크라이나에서의 전화를 피해 입국한 고려인들에게 의료 및 생활 지원의 구호 활동과 고려인들이 고국에서 정착할 수 있도록 지원하는 일에 혼신을 힘을 쏟고 있는 상황에서 그에 대해 문제를 제기할 여력은 없어 보였다. 그래서 미안하고

---

91 오세호, 「중앙아시아 고려인사회의 정체성과 홍범도 인식」, 『한국독립운동사연구』 제55집, 독립기념관 한국독립운동사연구소, 2016, 265쪽.

참담했다. 꿈에 그리던 조국에 돌아와 어렵게 정착을 하고 그것만이 가장 큰 기쁨이요 행복이라고 말하는 고려인 동포들에게 허깨비 같은 이념 공세로 상처를 주는 우리의 모습이 부끄럽기도 했다.

그녀는 오직 고려인들이 성공적으로 정착할 수 있도록 국가적 차원의 지원과 관심이 필요하다고 했다. 중앙정부의 지원은 전혀 없고 광주광역시와 광산구에서 일정한 지원을 하고 있다. 무엇보다 다양한 분야—법률과 의료와 노동 상담 및 한국어 교육 등 자원봉사자들의 헌신이 고려인마을에 모여 살아가고 있는 이들에게 크나큰 위로와 힘이 되고 있었다.

다만 한 가지는 마음에 걸렸다. 고려인마을의 형성과 정착을 통해 오랜 이방인의 삶에서 한국 사회의 일원으로 긍정적인 삶을 만들어가려는 모습은 감동적이다. 그런데 헌신하고 있는 인물(들)과 신조야 대표 등 주요 인물들이 고려인들의 새로운 자아 정체성 확립에 끼치는 긍정적 영향이 절대적인 만큼, 일련의 과정에서 기독교 신앙 내부로 포섭하려는 그리고 포섭되는 것에 대해 모두가 동의하고 있는가 하는 점은 별도의 연구와 관찰이 요구된다고 본다. '고려인들'이라는 집합명사 내부엔 구체적이고 개별적인 '개인들'이 존재하는 것이며, 이들 공동체의 발전이 개개인의 삶에도 긍정적인 영향을 끼치기 위해서는 같으면서도 서로 조금씩 다른 타인에 대한 배려, 수용, 공감, 그리고 다양성의 수용이 전제되어야 할 것이기 때문이다.

호주의 저명한 철학자인 제프 말파스(Jeff Malpas)는 장소와 인간의 관계를 "인간다운 삶을 가능하게 하는 근본 구조이며, 인간의 정체성을 결정하는 것"이라고 말한다.[92] 그는 장소와 공간에 대한 연구를 사람의 정체성과 장소의 관계로부터 출발한다. 말파스는 우리의 정체성은 특정 장소나 위치에 묶여 있으며, 장소야말로 인간의 자아 정체성과 자아 개념을 형성하는 데 있어 결정적이라고 본다. 오랫동안 이방인 혹은 경계인으로 살아야 했던 고려인들이 광주 지역에 삶의 터전을 만들고 새로운 혹은 본래의 정체성을 회복해가는 모습은 감동적이라 하겠다. 그들이 한국 사회에 충분하게 정착할 수 있도록 지역사회가 지속적인 관심을 기울일 것이 요구된다.

오늘날의 마을은 다양한 삶의 궤적과 경험을 가진 사람들이 함께 살아가는 장소이다. 저마다의 차이와 정체성을 가진 사람들은 자신들이 가진 가치, 신념, 목표 등에 기반을 두고 목적 의식적 또는 가치 지향적 상호작용을 한다. 이 때문에 기존의 공동체에서처럼 '우리 의식(We-ness)'을 기반으로 하는 동질적, 통일적 유대감을 갖기는 어렵다. 게다가 낯선 타자와의 마주침은 '차이와 공존하기'라는 장소 정치를 추동하게 된다. 밸런타인(G. Valentine)은 마주침은 결코 역사, 물적 조건 그리고 권력과 무관한 공간에서 발생하지 않는다고 주장한다. 즉 마주침은 조정, 배제, 포섭, 타협 등이 작동하는 차이의 공간에서 이뤄진다는 것이다. 그러므로 얽히고설킨 불평등의 문제는 마주침과 함께 서로 친숙해지는 과정이 동반되어야 한다고 제시한다.[93] 하트(Hardt)와 네그리(Negri)는 타자와의 관계는 단순히

---

92 제프 말파스(Jeff Malpas), 『장소와 경험 : 철학적 지형학』, 김지혜 역, 에코리브르, 2014, 26쪽.
93 Valentine, G., "Living with difference: Reflctions on Geographies of Encounter", *Progress in Human Geography*, 32(3), 2008, pp.323~337. 주문희, 앞의 글, 30쪽에서 재인용.

정체성을 확립하는 수단이 아니라 무엇 되기와 같은 끊임없는 생성의 과정으로 타자와의 협력은 언제나 변화를 일으키는 경험이라고 주장한다.[94] 그러면서 앎(이성)이 아닌 함(신체)으로 공통적인 것을 만들기를 제안한다. 이런 의미에서 보자면 오늘날의 장소-기반 공동체는 이질적인 인구 집단, 다양한 의미, 그리고 상충하는 실천들의 협상적 과정에 의해서 구성된다고 할 수 있다.[95]

94 Negri, A., and Hardt, M., *Commonwealth*, Cambridge, Mass, 2009. 주문희, 위의 글, 30쪽에서 재인용.
95 주문희, 위의 글, 30쪽.

3

거리

역사와 문화의 거리, 그리고 게토

거리는 '사람이 많이 다니는 도시 공간 속의 길'이면서, '도시의 문화적 가치를 표현하고 공유하는 소통의 장소이다. 도시는 하나의 장소이며, 특히 의미의 중심이다. 그것은 매우 가시적인 상징을 많이 가지고 있다. 더욱 중요한 것은 도시 그 자체가 하나의 상징이라는 점이다.

도시 공간에는 다양한 장소가 있다. 사전적 의미에서 공간(空間)은 '아무것도 없는 빈 곳'의 뜻으로, 장소(場所)는 '일이나 사건이 이루어지거나 발생한 곳'의 뜻을 갖는 말이다. 도시에는 공공의 혹은 공동 및 개인이 소유하고 있는 다양한 형태의 건축물과 광장과 도로와 거리가 거미줄처럼 얽혀 있다.

제3부에서는 '거리(street)'에 주목한다. 거리란 사람이나 차가 많이 다니는 길을 말한다. 도로라는 말과도 의미가 유사한데, 도로는 사람, 차 따위가 잘 다닐 수 있도록 만들어놓은 비교적 넓은 길을 뜻하지만, 이 부에서 다루는 거리는 '사람이 많이 다니는 도시 공간 속의 길'이면서, '도시의 문화적 가치를 표현하고 공유하는 소통의 장소'로 본다. 그런데 또 길은 도시 공간 내에 있기에 도시와 공간과 장소에 대한 일정한 개념적 이해가 필요하다.

이-푸 투안(Yi-Fu Tuan)은 "공간과 장소는 명확히 다르다."고 말한다. 그에게 공간은 장소보다 추상적이다. 무차별적인 공간에서 출발하여 우리가 공간을 더 잘 알게 되고 공간에 가치를 부여하게 됨에 따라 공간은 장소가 된다. 그는 공간과 장소에 대한 정의를 대비해서 구분 짓고 있고, 사람과 장소와의 정서적 유대감을 뜻하는 '장소애(場所愛)'라는 개념을 소개한다. 그는 공간과 장소에서 우리 인간이 겪는 '경험'과 그곳에서의 우리의 '감정'을 중요시한다. 특히 공간에 우리의 '경험과 감정'이 녹아들 때, 즉 공간에 의미와 가치를 부여할 때 그곳은 '장소로 발전'한다고 주장한다.[1] 공간을 이용하는 사람들이 그들의 경험과 기억 속에서 공간에 어떠한 의미를 부여하게 되면 그곳은 장소가 된다는 것이다. 인간의 경험 속에서 미지의 공간은 장소로 바뀌고, 낯선 추상 공간은 의미로 가득한 구체적 장소가 되는 것이다.

그런데 비판 지리학과 공간 연구에서 독보적인 위치에 있는 도린 매시(Doreen Massey)는 공간과 장소가 관계적으로 구성되고 재구성된다고 주장한다. 공간은 보편과 추상의 영역으로, 장소는 그 반대 특징인 특수와 구체의 영역으로 이분화하는 것이 아니라 공간과 장소는 상호 구성적이라는 것이다. 그녀에게 공간과 장소는 개념적으로만 구분될 뿐 현실에서 만나는 모든 공간은 사실상 장소인 셈이다.[2]

이 글에서는 이-푸 투안의 공간과 장소에 관한 담론과 젠더적 관점에 서 있는 도린 매시의 논지를 두루 활용한다. 공간과 장소에 관한 두 사람의 논지는 서로 충돌하기보다는 상호보완적으로 보기 때문이다.

---

1   주문희, 「마을 공동체 구성과 차이 · 공존의 장소 정치」, 전남대학교 대학원 사회교육학과 박사 학위 논문, 2019, 30쪽.
2   도린 매시, 『공간, 장소, 젠더』, 서울대학교 출판문화원, 2015, 12쪽.

1. 궁동 예술의 거리

광주광역시 동구 예술길 24에 주소를 둔 '예술의 거리'는 행정적으로 광주광역시 동구 충장동에 소재하고 궁동과 대의동 일부 지역에 걸쳐 있는 광주동부경찰서 앞에서 원불교 교당을 거쳐 중앙초등학교에 이르는 600여 미터의 골목길이다. 갤러리와 화방, 표구점, 골동품점, 소극장, 전통찻집 등 90여 개가 모여 있다. 1980년대부터 화랑을 겸한 표구점들이 하나둘 들어서면서 1984년 '광주 예술의 거리(Gwangju Art Street)'로 지정되었다. 광주 예술의 거리는 지정 이전부터 광주의 역사·경제·예술문화와 함께 다양한 변화를 겪어 오면서 '예향 광주'의 상징성을 지닌 거리로 인식되고 있다. 이곳은 미술품이 거래되면서 예술계 인사들과 손님들이 많이 드나드는 소통의 장소로 이용되었다.

광주시(광주문화재단)가 운영하는 문화관광플랫폼 〈오매광주〉에서는 예술의 거리가 "예향 광주의 전통을 계승 발전하기 위해 조성되었다."고 소개하고 있다. 광주의 정체성을 구성하는 여러 요소 중에서 '예향 광주'의 탄생은 전두환 정부의 소위 '새 문화정책'과 밀접한 연관이 있다. 김봉국은 광주를 중심으로 전라도 지역에서 '예향론'이 급부상하게 된 시점을 1984년 10월 지역 신문사인 광주일보가 『월간예향(月刊藝鄉)』을 발행하면서부터로 본다.[3] 궁동 예술의 거리 조성을 '예향론'과 관련하여 이해하기

---

3   김봉국, 「'예향(藝鄉)' 광주의 탄생 : 전두환 정부의 '새문화정책'과 지역정체성」, 『역사연구』 제37권, 역사학연구소, 2019, 644쪽. 본문에서 밝힌 것처럼 예향론의 관점에서 궁동 예술의 거리를 조망하고 있는 김봉국 선생의 연구는 관련 연구에서 독보적이다. 이 글에서 선생의 값진 글을 일부 활용하게 되어 깊은 감사의 마음을 갖는다.

위해서는 김봉국 선생의 글이 훌륭한 참고가 되는 까닭에 아래에 관련 내용을 좀 더 인용하도록 하겠다.

국민적 지지기반이 취약했던 전두환 정부는 저항 세력에겐 강경한 탄압을 가하면서도 사회·문화적 측면에서는 안정적인 국정 운영을 추구했다. 더 나아가 경제성장과 함께 복지를 강조하는 것을 통해 국민의 자발적 동의를 구하는 정책 기조를 취했다. 이를 위한 방편으로 전두환 정부는 적극적인 문화정책을 추진했다. 민족문화에 대한 강조 속에서 전두환 정부는 1981년 5공화국의 문화정책의 기조인 '새 문화 정책'을 발표한다. 그 후속 조치로서 전국을 5대 문화권으로 나누고 각 도(道)마다 종합문화회관의 건립을 추진하는 등 지방 문화 활성화의 여건 조성을 강조했다.

그러한 흐름 속에서 1984년 2월에 전두환 정부는 '지방문화 중흥 5개년 계획'을 발표하고 막대한 예산을 투입해 지방문화육성정책을 적극적으로 추진해갔다. 바로 이 무렵부터 광주 지역 지방정부, 지역 언론, 지역자본가 집단을 중심으로 전두환 정부의 지방문화육성정책에 대응하는 움직임이 일어났다. 1981년 말 금호문화재단 설립, 1983년 잡지 『금호문화(錦湖文化)』를 창간하고 1984년 광주시 동명동에 금호문화회관을 개관한 것, 1984년 광주일보의 『월간예향(月刊藝鄕)』의 발행 등이 그러한 흐름과 연결된다. 1984년 10월 『예향』 창간호 특별좌담은 "왜 예향인가"를 주제로 하고 있다. 대담은 '예향 됨'의 원인을 과거 소외와 차별의 한을 예술적으로 승화한 고장으로 밝힌 후, 그 예향 됨을 지키기 위해 "예향 부끄럽다"라는 제목하에 광주시립문화예술단체의 낙후된 시설과 환경을 지적하고 개선의 필요성을 강조하고 있다.[4]

---

4 위의 글, 643–662쪽에서 부분 발췌.

김봉국 선생은 같은 글 후반부에 전두환 정부와 지역 내 권력집단이 주도했던 예향론과는 다른 시각과 지향의 예향론이 등장한 배경과 그 내용을 상세하게 정리하고 있다. 이 글은 그러한 연원을 충실하게 참조하면서 예술의 거리가 지닌 장소성과 그 거리에서 살아가는 주체들의 삶과 문화에 대해 더 큰 관심을 갖는다. 애초 이 글의 목표가 그러하기 때문이다.

지방자치단체나 시민들에게 예술의 거리는 여전히 광주 도시문화를 대표하는 상징 거리로 거론되곤 있지만, 정작 예술의 거리가 지닌 장소성과 그 거리에서 살아가는 주체들의 삶과 문화에 대한 연구나 행정의 관심은 매우 부족한 현실이다. 예술의 거리라는 장소가 큰 변화를 겪고 있는 가운데, 아시아 문화중심도시 조성사업이 추진되고 있음에도, 이 장소가 지금까지 형성해온 가치와 의미, 그 장소에서 살아가는 생활 주체들(거주민)의 경험이 무시된 채 개발이 추진되고 있는 데 대하여 김연경은 문제의식을 갖고 있고,[5] 필자는 이에 전적으로 공감한다.

김연경은 동구 예술의 거리에는 주거 목적으로 생활하는 사람보다는 생계 혹은 그와 관련된 활동을 목적으로 생활하는 사람이 더 많아 '거주민'이라는 용어보다는 '생활 주체'라고 명명하고 있다. 그는 '생활 주체'를, '삶터(생활 공간)'에서 일상생활의 영위를 목적으로, 장소성 형성에 주도적으로 영향을 끼치는 사람'으로 정의한다. 그런 의미에서 연구 대상지인

---

5 김연경·이무용, 「생활주체 경험을 통해 본 광주 예술의 거리의 장소성 연구」, 『한국지역지리학회지』 제21권 제3호, 한국역사지리학회, 2015. 이 글은 본래 2014년에 발표한 전남대학교 문화전문대학원 석사학위 논문 일부를 재구성하여 학회지에 발표한 글이다. 김연경 선생과 동일한 문제의식을 갖고 있는 필자로서는 이 글에서 선생의 매우 값진 연구를 활용하게 되어 크게 감사한 마음이다.

광주 예술의 거리의 생활 주체를 건물주, 상가입주자, 예술가를 주축으로 두며, 이동 통로로 활용하거나 물건을 사러 온 이용자와 방문객(관광객)은 포함하지 않는다.

장소성(placeness)은 장소의 본질, 구체적으로 장소가 지니는 의미이며, 인간의 체험을 통해 나타나는 물리적인 환경에 대한 의식이라 할 수 있다. 장소성은 물리적 환경(물리적 요소), 인간 활동(행태적 요소), 의미 형성(의미적 요소)의 세 가지 구성 요소를 공통적으로 지니고 있다. 물리적 환경은 자연환경, 건축물, 생활 환경을 포함하며 표면적으로 관찰 가능한 공간으로, 인간 활동의 배경이 되는 한편 그것이 다시 활동에 영향을 준다. 인간 활동은 물리적 공간을 바탕으로 그곳에서 진행되는 모든 행위를 포함하며, 의미 형성은 물리적 환경을 경험하는 인간이 활동을 통해 이미지, 상징, 의의를 갖는 것을 말한다.[6]

예술의 거리가 위치한 지역이 광주 지역 도심부가 될 수 있었던 것은 조선 말기로 거슬러 올라간다. 1896년 행정구역이 개편되어 전국 8도를 13도로 나누면서 광주는 전라남도 관찰부(도청) 소재지가 되었다. 이때 광주의 시가지는 광주읍성을 중심으로 형성되어 있었고, 지금의 충장로, 금남로1·2·3가가 읍성의 중심이었다. 일제강점기에 충장로와 금남로를 중심으로 상권을 구축하고, 현 예술의 거리 부근에서 주거를 하던 일본인들이 빠져나간 후, 권력을 잡은 이들이 이곳에 터를 잡기 시작했고, 전남도청을 중심으로 도심부에 필요한 행정·금융·사법 공간들이 탄생하였

---

6   위의 글, 533쪽.

다. 이는 과거에서 현재까지도 예술의 거리의 상권에 영향을 미치는 주변 공간의 성장과도 연관이 깊다.

특히 관공서(전남노청, 동구청, 법원, 경찰서 등)는 예술의 거리를 성장하게 만드는 원동력이었다. 그 당시 정치인과 관료들이 진급용이나 선물용으로 인사치레 그림을 선물하는 관행이 많아 거리 상점들의 주요 수입원이었기 때문이다. 그러나 2005년 전남도청 이전을 비롯한 관공서 이전으로 상권이 타격을 받았다. 다만 2007년 구도청을 중심으로 아시아 문화중심도시 조성사업 종합계획이 마련되고, 2009년 아시아문화예술 특화지구 활성화 사업이 결정되면서, 2010년부터 예술의 거리 활성화 프로젝트가 본격적으로 시작되었다. 사업의 내용은 주로 공공미술 프로젝트, 예술의 거리 포럼 운영, 홈페이지 구축 운영, 문화지도 제작, 예술의 거리 재발견 사업, 창작 스튜디오와 공방 조성, 궁동 예술제, 프린지 페스티벌, 문화예술 개미시장 등이다.

예술의 거리에는 최근 '광주학생예술누리터'가 개관하였다. 학생들의 꿈과 끼, 예술적 감성을 키울 수 있도록 시각, 소리, 공연, 영상 등 다양한 예술체험 프로그램을 운영하는 기관으로 예술의 거리에 인접해 있는 광주중앙초등학교 부지 내에 개관하였다(2021.11).

그림 값은 경기와 비례하는데, 1970년대 후반에서 1980년대 말까지 아파트 열풍과 경제적 상황 호전, 정부의 강력한 문화 예능 대책으로 오일쇼크 시기를 제외하고 호황기를 구가한다. 아파트에 그림을 한 점이라도 걸어놓는 것이 유행했고, 예술의 거리에서는 다방에서도 당대 유명한 그림들을 걸어놓았다. 지금도 광주 지역은 예술의 거리뿐 아니라 그 규

광주중앙초등학교에 있는 광주학생예술누리터. 궁동 예술의 거리를 향해 있다.
ⓒ 심영의

모 혹은 업종과 크게 관계없이 그림을 걸어놓은 업소가 유난히 많다. 당시 화랑이 없었던 광주에서 다방이 화랑의 역할을 했기 때문이지만, 그림의 인기 덕분에 다방과 이 일대 상권에 영향을 끼쳤다. 그러나 1995년 민선 단체장 시대에서부터, 그리고 문민정부 때 공직자 선물 안 주고 안 받기 정책이 추진되면서, 그림 값을 결정하던 진급용이나 선물용 구입이 사실상 사라졌다. 1997년에는 IMF 외환 위기로 국가 전체가 경제적 위기를 맞으면서 예술의 거리 역시 직격탄을 맞게 되었다. 2015년 3월 27일 제정·공포되고 2016년 9월 28일 시행된 김영란법(부정청탁금지법, 우여곡절 끝에 실제로는 2018년 1월 말부터 적용되었다) 시행 이후에는 표면적으로는 그러한 관행이 사라진 것으로 보인다.

예술의 거리는 예술품과 골동품을 중심으로 한 특화 거리, 다시 말하면 문화 거리이자 특성 상업가로 조성되었다. 이 일대에는 상업·주거·공공·교육·업무·문화예술 시설 등 다양한 기능의 건축물이 존재한다. 김연경의 2013년도 예술의 거리 업체 현황 조사표를 보면, 화랑·필방·공연장·갤러리 등 문화예술 관련 업종은 총 94개로 52.2%에 해당된다. 이 중에서 화랑·화방·필방처럼 미술작품과 도구의 유통 관련 업체들이 전체의 16%를 차지하고 있고, 이와 유사한 기능을 가진 골동품이나 공예점은 6.5%, 도자기와 전통차 판매·전시는 5%를 차지하고 있는 것으로 조사되었다.

중요한 점은 생활 주체들의 예술의 거리에 대한 장소성일 것이다. 대체로 상인들은 예술의 거리 고유의 이미지와 느낌이 있다고 생각하는 것으로 파악할 수 있는 반면 예술가는 예술의 거리만의 고유한 이미지와 느낌

궁동 예술의 거리. ⓒ 심영의

을 갖지 못하고 있는 것으로 보고되었다.[7]

광주 지역에서는 '궁동 예술의 거리'를 곧잘 종로에 있는 인사동 거리와 비교하곤 한다. 서울에서 가장 전통적인 공간으로 자명하게 인식되고 있는 인사동은 '전통문화의 거리'의 이미지뿐만 아니라 '서점의 거리', '병원의 거리', '골동품의 거리', '정치 일번지', '문화·예술의 거리'라는 이미지가 공존하며 형성되어온 반면에 궁동 예술의 거리는 예술품과 골동품을 중심으로 한 특화 거리로 조성된 차이가 있다. 또한 근대적 상업 공간이라는 역사성을 갖고 있는 '인사동'은 '역사 만들기' 작업을 통해 전근대적인 '전통문화'가 살아 숨 쉬는 공간으로 타자화되었다는 특징이 있다.[8]

김승유는 인사동에 '전통문화'의 담론이 본격적으로 등장한 1980년대를 주목하여 인사동이 전통문화의 거리가 된 시대적·사회적 배경에 대해 총체적으로 살펴보고 있는데, 80년대 광주의 예향 만들기 프로젝트와 관련하여 매우 흥미롭고 주목할 만한 연구다. 그는 특히 윌리엄스(Raymond Williams)와 홉스봄(Eric Hobsbawm)의 '선별적(selective)이고 만들어진 전통(the invention of tradition)' 개념을 활용하고 있어서 광주 예술의 거리의 그것과 비교하여 살피기에 훌륭한 글이 아닐 수 없다.

김승유는 인사동 관련 주체들은 그들의 기준에서 전통 또는 전통 이미지라고 간주되는 것들만을 취사 선택하여 인사동의 역사로 기술하고 있다고 말한다. 이 과정에서 본래 인사동이 가지고 있던 근대적 맥락은 철

---

7   위의 글, 537쪽.
8   김승유, 「'전통문화'의 상징적 공간, '인사동'의 역사성 재고」, 『중앙민속학』 제16집, 중앙대학교 한국문화유산연구소, 2011, 110쪽.

저하게 배제되고 있으며, 역사적 맥락이 맞지 않거나 인사동의 범위에 벗어난 역사문화 유적까지도 전통 이미지에 부합된다고 판단된다면, 취사 선택되어 인사동의 '전통문화'로 여기고 있다. 즉, 오늘의 '인사동'의 역사는 재구성되고 재창조된 산물이라는 것이다.[9]

광주 예술의 거리는 어떠한가. 김연경은 다음과 같은 결론에 이른다. 즉, 종합적으로 업종 분포와 형태를 살펴봤을 때 광주 예술의 거리는 상업적 특화 거리와 가로(street)형 거리에 가깝다. 문화예술 특화 거리로 불리기에는 갤러리나 공연장의 수나 규모가 현저히 작다. 이는 거리의 정체성을 불분명하게 만들고 혼란을 준다. 미술 유통 관련 업체가 많으나, 문화예술 활동 관련 업체는 매우 적고, 물리적으로 거리 지정이 확대되었으나 특화 거리로서 성격이 약화하고 있다. 전반적으로 예술의 거리 지정 이후 다양한 사업과 프로그램들이 진행되어왔음에도 불구하고, 오히려 거리에서의 생활 주체들의 소통과 활력, 유대관계 등이 약화하고 있다. 광주 예술의 거리의 장소성은 자연발생적으로 형성되기 시작했지만, 1987년 거리 지정 이후로 행정권력의 지속적 영향을 받았고, 1990년대 말을 기점으로 점차 역사성이 사라지고 장소성이 변천하는 가운데, 소통과 협력의 시스템은 점차 약화하고 있다고 정리해볼 수 있다.[10] '예향 광주'의 상징적 장소로 일컬어지고는 있으나 그 몫을 다하고 있는 거리로는 부족하다.

---

9 위의 글, 115쪽.
10 김연경·이무용, 앞의 글, 550쪽.

다만 1960년대부터 점차로 국가가 주도하여 정책적으로 부각되기 시작하여 1980년대에 전면적으로 나타나기 시작한 '전통문화 담론'에 대하여 관 주도의 문화정책에서 벗어나 민중들로부터 자발적으로 민족문화를 발전시켜보자는 '민중문화운동'이 1970년대부터 대두되기 시작하였고, 예술의 거리에는 그 상징성을 담보할 수 있는 공간들이 들어서고 관련 활동이 이루어진 것은 특기할 만하다. 5·18항쟁 이후 개관한 극단 토박이의 전용극장 '민들레 소극장' 등이 그러하다.[11]

1995년 동구 궁동 예술의 거리를 거쳐 2015년 국립아시아문화전당 인근 동명동으로 옮겨서 공연을 계속하고 있는 '민들레 소극장'의 경우에서 보듯 국립아시아문화전당의 개관과 더불어 인근 동명동이 2000년대 이후 새로운 문화·예술의 거리로 떠오르고 있다.

동명동에는 1908년부터 1971년까지 광주교도소가 있었다. 광주교도소의 농장으로 가는 철로에 '농장다리'라는 지명과 구 철로변에 1960년대까지 땔감 장사들이 성시를 이뤄 '나무전거리'라는 지명이 남아 있는 오래된 동네다. 1970년부터 1990년대의 동명동은 동명로, 동계천로 일대 고급 주택과 오래된 한옥들이 혼재되어 있었다. 동명동엔 광주여자고등학교와 광주중앙도서관, 교육과학연구원, 금호문화회관 등 교육문화 시설과 사설학원들이 어우러져 서울 강남구 대치동에 비견되는 일종의 교육특구의

---

11 극단 토박이는 1983년 11월 23일 박효선이 전남대학교 연극반 출신들을 규합하여 창단하였다. 1987년 전문 극단으로서의 첫 작품 〈신국〉을 비롯하여 10여 편을 발표하였다. 1988년 제1회 민족극한마당에서 5·18을 제재로 한 〈금희의 오월〉로 호평을 받은 후 전국 순회공연과 함께 1989년 북구 신안동에 민들레소극장을 개관하였다. 1995년 동구 궁동 예술의 거리를 거쳐 2015년 국립아시아문화전당 인근 동명동으로 옮겨서 공연을 계속하고 있다.

기능을 톡톡히 해내고 있었다.

학원에 데려다주고 아이들을 다시 데려가기 위해 기다리는 학부모들을 위한 카페들이 하나둘 생기기 시작했다. 이 카페늘이 점차 개성을 가지고 독특한 외관과 내부 인테리어, 음료의 맛을 추구하면서 다양한 스타일의 카페가 들어섰고, 지금의 동명동 카페 거리가 형성되었다. 2010년대 이후 엔 커피 등의 차는 물론 다양한 음식과 술을 함께 마실 수 있는 가게가 많이 생겨 젊은이들의 발길을 모으는 핫플레이스(hot place)가 되었다.

이렇게 문화산업 콘텐츠로서 동명동에서는 기존 자원, 즉 학부모들이 사용하던 카페와 동네 서점, 2층 가옥 등이 골목의 특색 있는 상점으로 변모했다. 가령 동명동에서는 2층 가옥의 형태를 그대로 살린 카페를 자주 찾을 수 있다. 다만 오랫동안 그 지역에서 삶을 이어오던 많은 지역주민에게도 이러한 변화는 반가운 것인지는 알 수 없다. 본질적인 측면에서, 혹여 문화자본으로 인한 불평등 분배는 심화하고 하위계급 사람들에게는 무기력이 대량 양산되는 건 아닌지, 아니라도 생산(활동)과 연결되지 않는 소비 추구가 바람직한 삶의 양태인지는 숙고가 필요한 문제다.

특정 장소는 내부의 구성원이나 주체들과 상호작용하는 것을 넘어 외부 구성원 및 상황과도 연결되는 특성을 지닌다. 이는 물리적으로 장소가 외부와 연결되어 있음을 의미하는데 이는 거시적인 맥락에서 외부와의 교류 가능성을 파악하는 것으로 확장해볼 수 있다.[12] 국립아시아문화전당

---

12 노영은 · 류웅재, 「로컬(local) 문화산업과 관리되는 도시 공간 : 광주와 대전의 도시정책에 대한 비판적 담론분석」, 『사회과학연구논총』 제39권 1호, 이화여자대학교 이화사회과학원, 2023, 64쪽.

을 중심축으로 한 도시재생 프로그램을 문화 '산업'으로만 인식하고 제조업과 유사한 방식으로 접근할 때 문화산업이 내장해야 할 특수성, 가령 지역의 고유한 상소성이나 정주민의 일상과 연계하지 못할 때 그것은 실패로 귀결될 가능성이 크다. 아니라도 여타 도시에서 어렵지 않게 볼 수 있는 소위 '핫플'과 어떤 차별점이 있는지를 구별하기란 어려운 일이다. 언급하기 조심스럽기는 하나 동명교회가 인근의 주택들을 차례로 매입하여 주차장으로 활용하고 있는 것은 교회(그리고 교인들)에서 볼 때 교회의 괄목할 만한 성장(축복)이겠지만 집을 팔고 오래 살았던 장소에서 떠나야 했던 이들에게도 그러한가는 별개의 문제일 것이다.

물론 대중이 특정한 삶의 맥락에서 자신들의 상황에 맞게 새로운 의미를 만들어내고, 그 속에서 즐거움을 느끼게 되는 바로 그러한 소비행위 속에서 진정한 대중문화가 창조된다고 보는 의견[13]도 있으니, 중요한 것은 소비행위자의 주체적 의식이 문제겠다.

2. 운림동 미술의 거리

동구에 있는 운림동은 1970년 학동 2구의 법정동인 운림동이 분리되어 생겼다. 조선대학교 부속 고등학교로 통하는 좁은 골목길 끝 삼거리에는 오랫동안 '배고픈 다리'로 불렸던 작은 돌다리가 있었다.

---

13 신혜경, 『벤야민&아도르노 : 대중문화의 기만 혹은 해방』, 김영사, 2009, 242쪽.

'배고픈 다리'는 무등산으로 나무를 하러 다니던 나무꾼들이 마침 이곳에 있는 작은 다리 아래로 흐르던 계곡물로 허기진 배를 채웠다는 데서 연유하기도 하고, 하천이 범람하면서 홍림교 가운데가 다리 아래로 움푹 내려가 마침 배고픈 모양이 되는 바람에 그런 이름을 자연스레 붙였다는 이야기 등이 전해오고 있다. '배고픈 다리' 아래 설치된, 다리의 유래에 관한 만화 설명에는, 1440년 조선 임금 세종의 명을 받고 광주 목사를 처형하기 위해 내려온 병사들이 이 다리에서 말이 움직이지 않는 바람에 며칠을 굶어 '배고픈 다리'라고 불렀다는 설명을 덧붙여놓았다.

광주시 어디를 가나 1980년 5·18민중항쟁과 관련한 사적지가 많다. '배고픈 다리'에서도 시민군과 계엄군 사이에 전투가 있었다. 80년 5월 21일 도청을 중심으로 한 시내 일원에서 계엄군이 외곽으로 철수하자 일단의 시민군들은 배고픈 다리를 중심으로 방어선을 구축하고 있었다. 전남 화순지역과 무등산 일대로 나아가는 동쪽의 관문 역할을 하는 지역에 '배고픈 다리'가 있었기 때문인데, 22일 자정 무렵 무등산 숙실마을에서 광주 시내로 진입을 시도하던 계엄군과 30여 분 동안 교전을 벌인 것으로 알려져 이후 광주항쟁 사적 13호로 지정되었다.

'오월시' 동인이기도 한 나종영 시인은 산문시 「배고픈 다리」에서 다리에 얽힌 역사와 소회를 남기고 있다. "광주 시내에서 학동 삼거리를 거쳐 무등산 쪽으로 걸어가다" "배가 고파지"면 "소태마을 앞 맑은 개울에 걸터앉아 맨손바닥으로 물을 훔쳐 먹"는다. "그 개울을 건너는 다리 이름이 배고픈 다리"이다. 다리가 "배가 홀쭉한 일종의 잠수교여서 붙여진 이름"인지, "배고픈 사람들이 모여 사는 동네에 있어서" 붙여진 이름인지 모르겠다. "80년 5월에도" "무고한 시민들이 배를 움켜잡고 이 다리를 건너다 누구는 죽고 누구는 잡혀가 피칠갑이 되었을 것이다." 배고픈 다리라는 이름은 이제 "홍림교(虹臨橋)", 즉 "무지개가 내리는 다리"로 바뀌었으나 "광주 사람들은 무등산 들머리에 있는 이 다리를 아직도 배고픈 다리로 기억"한다. 그러니 "그 다리가 그 시절 절망으로 가는 길만은 아니었던 모양이다."[14]

'배고픈 다리'를 넘어서면 소박한 붉은 벽돌의 '국윤미술관'을 만날 수 있다. 국윤미술관(G & Y Museum)은 '교육하는 미술관'을 모토로 하여, 2008년 7월 21일에 개관한 등록 사립미술관이다. 국중효 작가 부부는 두 사람 모두 작가이면서 교육계에 40년 이상 봉직했다.

미술관은 설립자인 국중효 작가의 작품을 주로 소장하고 있으면서도, 그의 작품 세계와 특색을 연구하고 전시와 연계한 교육을 함께 개발하고 있다. 국윤미술관은 기획전시, 상설전시, 특별전시, 교육프로그램, 학교 연계교육 프로그램, 전시연계교육 프로그램, 심포지엄, 워크샵 등의 여러 전시 및 교육프로그램 행사들을 다양한 각도에서 추진하고 있다.[15] 2023년 9월 1일부터 10월 1일까지 '생명의 순환'이라는 이름의 2023 국윤미술관 기획전이 열렸다. 국중효 작가의 작품들은 투박한 질감의 단순한 이미지 속에서 나타나는 삶의 이야기, 생명의 역동성을 느낄 수 있다. 이번 기

---

14 나종영, 「배고픈 다리」, 『문학들』 제7권, 심미안, 2007, 120~123쪽.

15 https://cafe.daum.net/yywol/kMuT/9 국윤미술관 홈페이지 자료 참고.

획전에서는 특히 국중효 작가의 초기 작업에서 중요한 모티프였던 화순 운주사에서 시작된 특유 투박한 질감 표현의 작품들을 선보이고 있다.

신라 후기의 고찰인 증심사와 광주의 영산으로 불리는 무등산을 향해 좀 더 올라가다 보면 조각공원과 갤러리가 함께 있는 '우제길미술관'과 '무등현대미술관'이 위치해 있다. '드영미술관' 등이 있고, 증심사로 올라가는 길목에 의재 허백련(許百鍊) 선생이 평생 작품활동을 하던 '춘설헌'과 '의재미술관'이 있다. 운림동은 이렇게 오래전부터 자연스럽게 미술관 거리가 되었다. 사람들의 발길이 잦아지자 음식을 파는 가게와 카페도 많이 자리하고 있다.

'빛의 화가'라고 불리는 국내 추상화의 거장 우제길은 1942년 일본 교토에서 태어나 광주서중(1958)과 광주사범학교(1961), 광주대학교 산업디자인과(1987), 전남대학교 교육대학원(1989)을 졸업하고 1991년부터 2017년까지 개인전 92회, 단체전 756회에 빛나는 추상화가다. 1995년 광주비엔날레 인기작가상과 문화체육부 공로상, 옥관문화훈장을 받은 화가 우제길이 광주 지역의 예술문화 발전에 기여하려는 뜻으로 2001년 4월 13일 '우제길미술관'을 설립했다. 미술관은 지상 2층, 지하 2층 규모로 지하층에는 전시장과 수장고, 아트숍 등이 있고, 지상 1층은 전시장으로 이루어져 있다. 1955년부터 현재까지의 우제길 작품들과 호남 지방 추상회화의 주요 작품들도 소장하고 있다. 작은 조각공원이 있는 아름다운 우제길미술관에는 어린 시절부터 이루어놓은 우제길 화백의 수많은 작품이 잘 정리돼 있으며 그의 작품을 비롯한 모든 아카이브가 기록되어 있다.

우제길미술관은 광주·전남 최초의 사립미술관이다. 2001년 4월 문화

관광부에 등록했고, 2010년엔 광주시에도 등록을 마친 미술관의 운영자
는 우제길 화백의 반려자인 김차순 관장이다.

중심사를 향해 올라가는 길에는 '전통문화관'(동구 의재로 222)이 자리하
고 있다. 광주 무형문화유산의 산실이다. 2012년 전통한옥 무송원(撫松院)
을 이설, 복원해 조성한 전통문화관은 2천 평 대지 위에 옛 정취가 그대로
살아 있는 서석당, 입석당, 새인당, 솟을대문, 너덜마당 등 보기만 해도
마음이 편안해지는 공간 배치가 돋보인다. 너덜마당 앞에서는 '토요상설
공연' 등 전통국악공연과 함께 각종 교육, 체험 프로그램이 연중 진행되
고 있다.

전통문화관 건너편에는 유서 깊은 '성촌마을'이 있다. 삼국시대 무등산

우제길미술관 전경. ⓒ 심영의

우제길미술관 1층에서는 다양한 소품을 전시 판매하고 있다. ⓒ 심영의

미술관 지하 1층은
우제길 화백의
작업실이다.
작업 중인 우제길 화백과
미술관을 설립하고
운영하는 우제길 화백의
반려자 김차순 관장.
ⓒ 심영의

아래 향로봉 남단에 형성되어 '성거(城居)'라고 불렸고 200여 가구에 달하는 주민들이 농업에 종사하였다. 금성 나씨, 수운 백씨, 탐진 최씨, 김해 김씨 등이 살았으며 현재까지도 원주민들이 대대로 터를 지키며 살아오고 있다. 최근에는 마을 위쪽으로 고급 주택들이 들어서고 있으며 현재는 140여 가구 300여 명이 농업과 상업 등에 종사하며 살고 있다. 마을에는 백제시대 석실고분이 있고 마을 입구에 돌벅수가 서 있으며 전통문화관과 여러 미술관들이 자리한 문화예술자원이 있다.[16]

마을 안길로 조금 걸어가다 보면 '드영미술관(de young)'이 있다. 무등산 아래 '드영이 피어나다' 곧 '대중과 함께하는 미술관'이라는 슬로건으로, 대중과 작가가 서로 소통할 수 있는 장소를 표방하며 2018년 개관했다(관장 김도영). 개관 행사로 '100인 초대전'을 열면서 화제를 모았다. 지역의 현대미술을 소개하고 청년 작가들을 발굴 지원하는 데 앞장서고 있다. 1전시실은 원로 작가 작품을 중심으로, 2전시실은 중년 작가 작품, 3전시실은 청년 작가 작품을 중심으로 전시하고 있다. 관람료는 무료다. 2023년 9월 1일부터 10월 3일까지는 김혁정 작가의 〈운주사〉 그림들이 전시되었다.

무등현대미술관은 드영미술관에서 증심사 방면으로 조금 걸어가면 나온다. 동구 운림동 331-6에 있는 미술관으로 광주광역시의 예술인과 시민들이 예술을 향유하는 데 사랑방 역할을 하며, 지역민과 예술의 소통을 강화하기 위하여 2007년 10월 2일 건립되었다. 중진 서양화가인 정송규

---

16 마을 입구에 있는 기념비 참조.

전통문화관 전경. ⓒ 심영의

드영미술관 전경. ⓒ 심영의

전시 중인 김혁정 작가의 〈운주사〉 그림. ⓒ 심영의

화백이 작업실 겸 전시 공간이자 지역 문화 커뮤니티 활성화 문화 공간으로 개관하였다. 정송규 화백은 1944년 나주 출생으로 1966년 조선대학교 미술학과를 졸업하고, 1981년 오하이오의 'Cleveland Institute Art School'을 수료하였으며 광주광역시, 서울특별시와 미국 등지에서 다수 개인전을 가졌다.

무등현대미술관은 현대미술의 거점이 되겠다는 목적 아래 사립미술관으로 출발하면서 전시와 교육을 바탕으로 장소성을 반영한 지역 프로그램을 진행해왔다. '성촌마을 달이 뜨다', '光맹을 꿈꾸다', '아래 산 이야기', '성촌예술마을 만들기'와 같은 프로젝트가 대표적이다. 이 행사들은 다양한 지역문화 예술자원을 엮어 지역민과 작가가 함께 만들어가는 공동 작업으로, 도심에서 소외된 마을 공동체에 예술의 향기를 불어넣어 활성화시키는 효과를 낳았다. 그 결과 예술가와 주민들이 연대해 지역 정서와 동시대성을 아울러 마을의 정체성을 담아 독창적인 지역문화를 만들었다는 평가를 받았다.[17]

무등현대미술관은 기획 전시, 초대 전시, 특별 전시 등을 통해 다양한 현대미술의 장르를 보여줌으로써 일반인들의 현대미술에 대한 이해를 높임과 동시에 현대미술에 대한 지표를 제시하고 있다. 무등산을 주제로 광주광역시와 무등산 자락에서 꾸준히 작업하고 있는 작가들을 초대해 전시를 열어줌은 물론, 최근에는 환경과 관련된 주제로 매년 미술제를 열고

---

17 노정숙, 「사립미술관 전시 운영을 통한 지역 미술 활성화 방안: 광주광역시를 중심으로」, 『유럽문화예술학논집』 제10집, 유럽문화예술학회 2014, 39쪽.

무등현대미술관 전경. ⓒ 심영의

있다. 2023년 9월 1일부터 10월 3일까지는 '기후 변화, 그리고 위기'라는 주제로 전시회를 열었다. 박기태, 엄기준, 윤성필, 이유빈, 전정연, 조성숙, 조정태 등 모두 일곱 작가의 작품이 전시되었다.

무등현대미술관의 환경미술제는 2013년 '보존이 미래다'라는 전시를 시작으로 11년 동안 맥을 이어오면서 미술관 특화전시로 자리매김하였다. 매해 환경에 대한 자연과 인간의 조화, 공생 등을 예술작품으로 고찰하며, 지역민들에게 미술제 및 캠페인을 통하여 환경 보존을 위한 실천과 중요성을 알려왔다.[18]

증심사 입구 버스정류장에서 '유네스코 세계지질 공원'으로 지정되어 있는 국립공원 무등산 증심사를 향해 가는 길 초입에 오래된 사찰 '문빈

---

18 김은희 학예연구사, 〈제10회 무등현대미술관 환경미술제〉 기획글.

정사'가 있고 그 앞에는 '무등산 노무현 길'이라는 기념 표지석이 있다. 2007년 5·18광주항쟁 27주년 기념식에 참석하기 위해 광주를 찾은 고 노무현 진 대통령은 이튿날인 5월 19일 시민들과 함께 무등산에 올랐다. 증심사를 출발한 노 전 대통령은 장불재까지 무등산 3.5킬로미터 구간을 등반했다. 장불재에서 노 전 대통령은 "대통령이 되고 나서 가장 많이 걸었다"며 시민 400여 명 앞에서 40분간 즉석 연설을 하기도 했는데, 광주시는 이를 기념해 표지석을 세웠다.

문빈정사를 지나 증심사를 향해 올라가면 '신림마을' 표지판이 있다. 증심사 아래에 있는 마을로 조선 시대에 형성된 오래된 마을이다. 134가구가 살면서 1970년대 유원지로 지정되어 무등산을 오르는 탐방객들을 상대로 주로 백숙 등을 판매하는 음식업으로 1990년대까지 전성기를 이루었다. 그러나 계곡 곳곳에 자리하고 음식점과 무허가 주택 등을 환경정비사업(2002~2010)을 통해 현재 버스 정류장이 있는 계곡 아래로 이전시키면서 마을은 사라지고 표지석만 남아 있다.

그렇게 버스정류장으로부터 20~30분 정도 증심사 방향으로 걸어 올라가면 '의재미술관'이 나온다. 의재 허백련 선생(1891~1977)은 전남 진도 출생으로 미술가로서는 물론이고 근대 격변기의 한국 역사에서 민중계몽가로서도 큰 자취를 남겼다. 그는 동학농민전쟁과 일제강점기와 해방 후의 혼란 그리고 한국전쟁과 독재체제를 겪으면서 민중 교육과 민족정신의 계승 발전에 힘을 쏟았으며, 전통 남종문인화를 계승하며 한국 미술사에 큰 족적을 남겼다. 의재 허백련 선생의 뜻을 기리기 위해 1995년부터 광주시가 '의재 허백련 미술상'을 제정하였고 의재문화재단이 상을 운영하

문빈정사 앞마당에 있는 '무등산 노무현길' 표지석. ⓒ 심영의

고 있다.

남종화(南宗畵)는 동양화의 한 분파로 북종회에 대비되는 화파를 말한다. 명나라 말기 동기창이 당나라 선불교의 남북 분파에 빗대어 화가의 영감과 내적 진리의 추구를 중요시하는 문인 사대부화를 남종화로 부르면서 정착된 개념이다. 우리나라에서는 17세기 초부터 중국에서 수입된 화보들을 통해 남종문인화를 익히기 시작하여, 18세기 전반기에 본격적으로 수용하였다. 정선·심사정·이인상 등 문인 화가들과 김홍도·이인문 등 도화서 화가들이 남종화의 기법을 널리 수용하였다. 이후 19세기에는 중인 화가들, 추사 김정희와 그 주변 인물들을 중심으로 본격적으로 전개되었다. 조선 후기(약 1700~1850)는 우리 문화가 절정기에 이른 시기였다. 특히 영조(재위 1724~1776)와 정조(재위 1776~1800) 연간에는 가장 조선적인 문화가 꽃을 피웠다. 남종문인화를 비롯하여 진경산수화와 풍속화, 초상화, 동물화 같은 다양한 그림들이 다투어 그려졌다.

그림을 직업으로 그리지 않는 화가들이 취미로 자기 마음을 표현하기 위해 그린 그림을 남종화라고 한다. 이들은 대상을 세부적으로 그리거나 화려한 색을 쓰는 데 얽매이지 않고 수묵(水墨)과 담채(淡彩)를 써서 내면

세계의 표현에 치중한 그림의 경향으로 조선 중기 이후의 한국화에 강한 영향을 남겼다. 허백련은 남종문인화를 계승한 화가로 인정받는다.

2001년에는 선생의 뜻과 작품 세계를 기리기 위한 의재미술관이 건립되었다. 허백련이 광복 직후부터 타계할 때까지 작품 활동에 매진했던 광주 무등산 자락에 자리 잡은 이 미술관은 약 6,000제곱미터에 지상 2층, 지하 1층 규모이며, 상설전시실과 기획전시실, 수장고, 세미나실, 다도실 등을 갖추고 있다. 사군자와 서예 등 허백련의 각 시기별 대표 작품과 미공개작 60여 점을 비롯해 낙관과 화실인 춘설헌 현판, 의재의 사진과 편지 등 각종 유품이 전시되고 있다. 미술관 관람료가 2000원(만 65세 이상과

의재미술관 입구. ⓒ 심영의

의재미술관 내부의 다기 전시장. 고 허백련 선생의 묘소와 춘설헌 등은 낡아서
보수공사를 하느라 출입이 통제되고 있다. ⓒ 심영의

장애인 및 국가유공자 등은 면제)이고 전통차도 판매한다.

무엇보다 무등산 자락의 산속에 깊이 들어 있어서 일반인들이 관람하기에는 접근성이 떨어진다. 입구에서 차량이 통제되기에 30분 내외의 시간을 걸어 올라가야 하는 불편함도 작은 것은 아니다. 무등산을 찾는 많은 등산객과 관광객들을 미술관으로 흡수하지 못한 채 전시 기능만 강화하면서 관람객에 대한 배려도 부족하다.

미술의 거리 맨 끝자락에는 '증심사(證心寺)'가 있다. 남북국시대 통일신라의 승려 철감선사가 창건한 사찰로, 대한불교조계종 제21교구 본사인 송광사(松廣寺)의 말사로 되어 있으나 광주 지역에서는 가장 크고 오래된 사찰이다.

운림동 미술의 거리에 분포한 미술관들 대부분이 사립미술관이라는 특징을 보인다. 등록 미술관의 경우 지방자치단체로부터 소액이지만 일정한 금액을 지원받는 대신 정해진 횟수의 초대전 등을 열어야 한다. 운영에 심각한 어려움을 겪고 있다는 뜻이다. 또 다른 특징은 작가 중심의 미술관으로 운영되고 있는 점이다.

인물 중심의 자원화를 위한 전시 운영은 미술관의 명칭을 작가의 이름이나 호를 사용하는 데서 시작되며, 이는 미술관의 성격을 드러내는 역할도 겸한다. 의재미술관은 호, 우제길미술관은 이름, 국윤미술관은 성씨의 조합(국중효 작가와 윤영월 관장 부부)으로 미술관의 명칭을 명명하였다. 이중 고인이 된 의재 허백련 미술관을 제외한 나머지 우제길, 무등현대, 국윤미술관은 생존 작가가 직접 전시 운영에 관여한다. 또한 무등현대미술

증심사로 향하는 산길에 걸려 있는 펼침막. "고통의 원인은 집착이다. 고통이 나를
붙잡는 게 아니라, 내가 고통을 붙잡고 있는 것이다" 라고 쓰여 있다. ⓒ 심영의

관은 고유의 역할인 전시에 교육적 활동을 부가하여 운영하고 있다. 특히 미술관 운영 주체자인 관장 본인의 작품 전시와 교육과의 연계를 통해 작가의 가치를 상승시키는 효과를 드러내면서 자원화를 위한 작가미술관으로 운영되고 있다.[19]

광주 지역 사립미술관의 등장은 지역 문화예술을 거점으로 한 매개 공간이 형성되었다는 점에서 큰 의의가 있다. 이들 미술관 활동은 지역민의 문화예술에 대한 향유적 측면과 자원 개발에 매우 유익하여 지역 문화 활성화에 필요한 장소다. 그러나 다른 대도시에 비하면 광주 지역의 사립미술관은 그 숫자가 많지 않은데, 그 지속 가능성을 위해서도 가장 중요한 과제는 미술관을 운영하는 데 드는 비용 조달의 문제다. 저임금에 시달리는 전문 큐레이터의 단기 근무에 따른 전시 기획의 연계성과 지속성을 놓치는 경우도 또 하나의 중요한 장애 요인이 된다. 이러한 문제들은 미술관만의 전문적 전시 운영의 특성과 정체성을 지니지 못한 채 상업 갤러리의 그것과 유사한 성격으로 변화할 수밖에 없다. 이렇게 되면 지역 미술관의 정체성 퇴색은 물론 경제성도 갖지 못하게 되어 미술관과 지역 경제를 연계하려는 계획에도 큰 차질을 빚을 가능성이 있다.[20]

---

19 노정숙, 「사립미술관 전시 운영을 통한 지역 미술 활성화 방안 : 광주광역시를 중심으로」, 『유럽문화예술학논집』 제10집, 유럽문화예술학회 2014, 38쪽.
20 위의 글, 41쪽.

3. 충장로와 금남로

　유럽에서 광장은 도시의 오랜 역사와 함께 발전해왔으며 공동체와 시민들에게 사회생활의 주요 중심이 되는 공간이었다. '사람들이 만나는 곳'이라는 의미인 고대 그리스의 아고라(agora)에서 그 원형을 찾으며, 로마의 포룸(forum)과 중세의 교회 광장으로 그 흐름이 이어져갔다. 근대에 접어들면서는 보다 체계적인 도시계획을 통해 대규모 광장이 조성되기도 했다. 일반적으로 많은 사람이 모이거나 자유로이 이용할 수 있는 넓은 야외 공간을 일컬으며, 도시의 대표적인 옥외 공공 공간이라 할 수 있다. 한 도시의 대표적인 광장은 주로 시청이나 공회당, 대성당 앞에 조성되었으며, 주위에 시장이 있고 시민들의 운집과 정치적 발언, 상업 활동, 축제, 기념 행사 등이 활발히 이루어지는 도시의 문화적 거점이었다.[21] 우리 지역의 경우는 옛 전남도청 앞 분수대 광장을 중심으로 충장로와 금남로 일대가 그러한 장소로서의 특징을 갖는다.

　좀더 부연하면, 도청 앞 광장은 대로와 대로가 만나는 결절점에 위치한 광장이었기 때문에, 1960년대 말에 시행한 금남로 확장 공사를 통해 도청 앞 광장이 확대되었고 이곳이 일시적으로 광장으로 기능하기도 했지만, 대규모 집회나 시위 등을 위해서는 도로를 통제해야 하는 번거로움이

21　손유림 · 김진아, 「광장의 공공문화 : 광주공원과 5 · 18민주광장의 형성과 역할 변화」, 『동아시아 문화연구』 제79호, 한양대학교 동아시아문화연구소, 2019, 92쪽. 손유림의 글에서는 광주공원 광장까지를 포함하여 논의하고 있다. 광주공원 광장은 특히 1980년 5 · 18항쟁 당시 시민군들의 무기가 모이고 배분된 장소로서 매우 의미 있는 공간이다. 다만 이 글에서는 광장보다는 거리에 초점을 맞추고 있으므로 충장로와 금남로에 한정해서 논의한다.

여전했다. 그런 까닭에 광주공원이 '군중집회의 장소로서의 광장', '문화로서의 광장', '의식(儀式)의 장소로서의 광장', '장터로서의 광장' 등 광장으로서의 다양한 문화적 역할을 수행하였다. 5·18항쟁 때에도 광주공원 광장이 시민군에게 무기를 배급하고 기동타격대 등 일정한 질서를 마련하는 등의 역할을 했다.

전통적으로 길 이름은 그 땅과 관계를 맺어온 사람들이 자신들의 필요 때문에 자연스럽게 명명하고 사용한 것이다. 이름은 그것을 호명하는 사람이 편해야 했기 때문이다. 그래서 가로 이름을 제정하면서 가장 널리 사용하는 방식 역시 전통적인 동네 이름을 그대로 부여하거나 둘 이상의 이름을 조합하는 것이었다. 나아가 역사적인 인물을 활용하거나 도시의 정체성을 강조하는 등 이름 자체에 기존과 다른 의미를 부여하기도 했다.[22] 한편 지명은 한 고장의 애환과 역사를 고스란히 담고 있다. 예로부터 전해지는 민간 설화를 토대로 한 지명도 있지만, 그 고장에서 태어난 명사의 삶을 기리는 뜻에서 정하는 경우도 적지 않다.

충절의 고장으로 이름난 광주의 상징적 장소, 충장로(忠壯路)와 금남로(錦南路)도 그런 경우에 속한다. 충장로는 임진왜란 때 활약한 의병장 김덕령(金德齡)의 시호 '충장(忠壯)'에서 따온 이름이며, 금남로는 이괄의 난을 제압한 무신 정충신(鄭忠信)의 군호 '금남군(錦南君)'에서 유래한 것이다.[23]

---

22 조상현, 「광주의 역사인물 기념 가로명 연구」, 『호남학』 제67권, 전남대학교 호남학연구원, 2020, 151~152쪽.
23 이은식, 「광주광역시 충장로와 금남 : 두 장군의 충절이 서린 땅」, 월간 『샘터』 534호, 샘터사, 2014, 52쪽.

1567년 광주 석저촌(石低村)에서 태어난 김덕령은 임진왜란이 터지자 왜적을 물리치고자 형 김덕홍과 함께 전주로 향했으나, 어머니를 모시라는 형의 권유로 마지못해 귀향했다. 그러나 형이 전사하고 어머니마저 돌아가시자, 김덕령은 나라의 위기 앞에 삼년상을 마치지 못하는 불효를 통탄하며 1593년 담양에서 의병을 일으켰다. 김덕령은 그가 태어난 마을의 지명을 따서 '석저장군'으로도 불렸는데, 왜적들이 이를 듣고 돌 밑에서 나온 장군이라며 신비롭게 여기기도 했다. 심지어 왜장 가토 기요마사는 몰래 그의 초상화를 그려 오게 하여 관상을 살피고는 "참으로 장군"이라며 경계했다고 전해진다.[24]

김덕령이 의병장으로 활동하던 시기(1593.12~1596.8)는 강화 교섭기(1593.5~1596.12)였다. 이 기간의 임란 정국은 소강상태에 빠져 있던 까닭에 특별한 전과나 뛰어난 전공은 기대하기 힘들었다. 그럼에도 김덕령은 경상우도 진주·고성·산음·함양 등에 주둔하면서 군사 활동을 통해 몇 차례 전과를 올렸다. 비록 위난에 처한 나라를 구하기 위해 구국 충정에 불타 일신을 던졌지만, 1596년 이몽학의 난에 연루됐다는 누명을 쓰고 여섯 차례나 혹독한 신문을 받다가 스물아홉 짧은 생을 마쳤다. 그의 사후 1661년(현종 2)에 늦게나마 신원(伸寃)되었고, 이후 병조참의(1668), 병조판서(1681), 의정부 좌참찬(1788)에 추증되었다. 또한 그의 시호를 기린 충장로라는 도로명이 생기면서 억울하게 세상을 뜬 청년 장군의 한을 달래주고 있다.

24　위의 글, 52~53쪽.

결국 신원(伸寃)의 과정을 거쳐 억울함을 벗긴 했지만, 그가 살았던 지역을 중심으로 수많은 전설이 만들어져 지금도 전해오고 있다. 김덕령은 실제 전투 상황에서는 큰 공이 없었음에도 불구하고, 그의 출중한 인물됨과 억울한 죽음에 대한 민중적 동정을 통해서 다양한 설화가 만들어진 것으로 보인다.

　충장공 김덕령은 나라와 민중을 위해 충과 의를 다하는 삶을 살았으며, 억울한 누명을 쓴 상황에서도 의기로 죽음을 맞이하였다. 김덕령의 억울한 죽음에 호남뿐 아니라 그가 활약했던 경상우도 지역에서도 많은 사람이 슬퍼하였다고 기록은 전하고 있다. 김덕령은 비록 역사 속의 인물이지만, 과거에 머물지 않고 그의 절의 정신은 현대에까지 영향을 미치고 있다.

　김덕령의 영웅화 과정을 탐색하고 있는 박원경은 임진왜란과 일제강점기라는 민족적 위기 상황에 대응하는 시대적 요구가 그의 영웅화를 가능하게 한 배경이었음을 밝히고 있다. 그런 작업을 주도한 세력은 현종과 정조 등 조선의 지배계급, 국난을 당한 조선의 민중, 박정희 정권, 광주의 시민 등이었다. 국난의 시대는 백성과 나라를 지키는 민중적 · 민족적 영웅을 요구했다. 영웅화의 주도 세력으로서 조선의 국왕들은 민심을 안정시키고 백성들을 하나로 통합하기 위한 상징적인 인물이 필요했다. 설화의 창작자인 민중은 비극적 최후를 맞은 김덕령에게 동질감을 느끼며 민중을 위한 영웅으로 부활시켰다. 박정희 정권은 정권의 정당성 확보와 체제 안정을 위해 영웅화 사업을 추진하였다. 현대에 들어와 광주 시민은 김덕령의 절의정신을 구현하여 불의에 항거하는 영웅적 인물로 선양하게

되었다.[25]

충장로와 더불어 광주의 중심으로 널리 알려진 금남로는 인조(仁祖) 대의 명장 정충신을 기리는 도로냉이다. 정충신은 고려 말 명장 정지의 9세손으로 1576년 광주 향교동에서 태어났다. 조선 시대에는 이렇다 하고 내세울 것 없는 지체 낮은 집안이었지만 재능이 출중해서 여러 사람의 사랑을 받았다. 임진왜란 당시 광주 목사 권율의 휘하에서 종군했는데, 임금이 계신 의주 행재소까지 장계(狀啓)를 전하는 임무를 아무도 맡지 않자 자청하고 나섰다. 당시 17세에 불과했던 소년 정충신의 용맹함을 눈여겨본 사람이 병조판서 이항복이었다. 이항복의 후원으로 학문에 정진한 정충신은 거뜬히 무과에 합격했고, 1621년 만포첨사 직책을 맡아 국경을 지켰다. 나아가 안주목사로 일하다 1624년(인조 2) 이괄의 난이 터지자 도원수 장만(張晩)을 도와 이괄의 군사를 무찌르기에 이른다. 인조는 나라를 지키는 데 기여한 정충신의 공을 치하하며 진무공신 1등 금남군에 봉했다. 이때 받은 군호인 '금남'이 금남로라는 도로명에 담겨 오늘날까지 전해지고 있다.[26]

이에 대해 조상현은 "김덕령과 정충신이 광주를 기반으로 하는 인물임은 분명하나 충장로와 금남로가 두 인물과의 직접적 연관성을 가졌는지는 사실 명확지 않다."[27]고 말한다. 그는 김덕령의 경우 호남에서 창의한

25 박원경 · 김병인, 「김덕령 장군 영웅화의 역사적 과정에 대한 층위적 해석」, 『인문콘텐츠』 제38호, 인문콘텐츠학회, 2015, 201쪽.
26 이은식, 앞의 글, 53쪽.
27 조상현, 앞의 글, 163쪽.

의병장이기에 넓게 보아 극일(克日)의 이미지를 활용했다고 하겠지만, 정충신의 경우 임진왜란 당시 일본군과의 사이에서 직접적인 전공이 있는 것은 아니었고, 명명 이유에도 언급됐듯이 인조 때 이괄의 난을 진압한 공신이라는 것과 병자호란 때의 장수라는 점이 주된 공적이었다. 어찌 보면 조선의 식민지화를 불러온 원흉이며 일제강점기의 참혹한 시대를 가장 노골적으로 상징하고 있는 '명치(明治)'를 대신할 이름으로 왜 '금남'이 선정된 것인지 시민들에게 명쾌한 설명을 제공하지 못하고 있다고 주장한다.[28]

그의 연구에 따르면, 1947년 8월 가로 이름에 항일정신을 부여하자는 주장을 제기할 만한 사람으로 대한협회 광주지회 임원이었던 노채필이라는 이름을 사용했던 독립운동가 노형규(1876.12.3~1947.11.27) 선생이 발견된다.[29] 그러나 기록에는 노채필이 주창했다는 단순 사실만 명기되어 있을 뿐, 그에 정보는 남아 있지 않다.[30]

지금까지 확인한 사실은 충장로와 금남로의 명명에는 김덕령과 정충신 두 역사적 인물과의 연관성이 있다는 점이다.

충장로는 흔히 서울의 명동 혹은 부산의 광복동과 비견되는 첨단 패션의 거리로 오랫동안 각인되었다. 광주우체국 사거리를 중심으로 대형 서점과 여러 곳의 고전음악 감상실과 무등극장과 광주극장 등이 젊은이들을 불러 모은 청춘의 거리요, 문화의 거리였다. '시내'란 도시 내부를 말하

28 위의 글, 164쪽.
29 「會員名簿」, 『大韓協會會報』 9, 1908.12.25.
30 공훈전자 사료관 홈페이지 http://e-gonghun.mpva.go.kr. 조상현, 위의 글, 164쪽에서 재인용.

는 것이지만, 광주 지역에서 보통 '시내'에 간다고 할 때 그것은 자신이 거주하는 동네에서 충장로를 향해 가는 것을 뜻했고, 곧 충장로가 시내의 상징어로 인식되었다. 사람들은 충장로에 가서 친구를 만나고 옷을 사고 책을 사고 차를 마시고 영화를 보고 음악을 듣다가 저녁 늦게 귀가하곤 했다.

그러나 광주광역시와 전라남도 행정구역이 분리되고 전남도청이 2005년 전남 무안군 남악신도시로 이전함에 따라 상권의 급격한 위축이 불가피해졌다. 광주시 상무지구에 광주광역시 청사가 들어서고 구도청을 중심으로 즐비하게 늘어섰던 금융기관을 비롯한 관계 기관이 모두 상무지구로 이전한 이후 한동안 침체 상태에 있던 충장로는 다양한 도심 재생 사업과 상인을 비롯한 지역 거주민의 노력에 힘입어 2023년 새롭게 변화하고 있다.

가장 눈에 띄는 변화는 젊은이들이 찾아오는 활기찬 거리로 탈바꿈하고 있는 점이다. 충장로2가에 있는 충장로 우체국('우다방'으로 불렸던 옛 광주우체국) 주변에는 'K-팝 스타의 거리'를 조성했다. K-팝 스타 중 광주 출신의 스타들을 기념하기 위해 조성된 거리다. 거리 내에는 가수들의 앨범 재킷을 그린 벽화와 곡 제목으로 꾸민 벤치, 핸드프린팅, 조형물 등이 있다. BTS의 곡을 테마로 컬러풀하게 꾸며진 벤치에 제이홉이 직접 들러 인증샷을 올린 후 한때 팬들의 성지가 되기도 했다.

매월 10월에 열리는 '충장축제'도 상당한 볼거리를 제공하는 지역축제다. 충장축제는 2004년 제1회를 시작으로 매년 10월에 열리는 도심 거리축제다. 축제 기간에는 충장로가 가장 번창했던 시기인 1970~80년대를 추억하기 위해 이 시기의 거리 모습을 재현한다. 동구청에서는 2023년 7월 5개 광주 지역 5개 자치구에서는 처음으로 '동구문화관광재단'을 설립했다. 광주 추억의 충장축제를 글로벌 축제로 성장시키고 동구만의 대표 브랜드 관광 상품을 개발할 계획이라고 홈페이지에 게시해두었다. 동구청은 지난 19년간 충장로라는 공간의 기억과 시대의 추억을 환기해온 '추억의 충장축제'가 성년을 맞은 2023년 올해 충장로의 감성을 담은 첫 번째 축제 포스터 '우다방 거리'를 선보인다고 밝혔다.[31]

동구는 성공적인 축제 개최 D-100일을 앞두고 포스터 연작 시리즈 중 첫 번째 작품 '금남풍光(광)'을 공개한 데 이어 D-90일 기념으로 두 번째 포스터 작품인 '우다방 거리'를 공개했다.[32] '우다방'은 충장로 우체국 앞 계단을 일컫는 말로 마치 다방처럼 사람들의 약속 장소로 쓰이면서 붙여진 별칭이다. 1980년 5·18광주민주화운동 당시 시위 군중들의 예비 집결지이기도 했던 '우다방'은 그만큼 많은 이들의 사연과 추억을 간직한 장소다.

충장로 우체국 뒤쪽에는 학생회관이 있었으나 서구 쌍촌동으로 이전해가고 그 자리에는 '청소년삶디자인센터'가 들어섰다. 광주광역시가 지원하고, 전남대학교와 광주YMCA가 하자센터(서울시립청소년미래진로센터)와 협력하여 운영하고 있는 시립 청소년 특화 시설로 청소년들의 진로 모색에 관한 프로그램을 운영하고 있다. 인근에 있던 '황금동 콜박스'는 과

---

31 충장축제는 매년 10월에 열리는 행사인데, 이 글은 2023년 7월과 8월에 쓴 것이다.
32 https://skyedaily.com/news/news_view.html?ID=198406. 스카이데일리 하방수 기자, 2023.7.12.

거리 – 역사와 문화의 거리, 그리고 게토

'우다방'으로 불렸던 충장 우체국 사거리. ⓒ 심영의

거 광주읍성이 있던 자리로, 읍성의 서문에 해당하였다는데, 유흥업소 직원들이 지나가는 손님을 불러 세웠다(Call) 해서 그런 이름이 붙여진 것으로 알려져 있다. 5·18항쟁 당시 부상자들이 속출해 피가 부족해지자 이곳에서 일하는 여성들이 가까운 거리에 있는 광주적십자병원으로 달려가 집단으로 헌혈을 했다는 이야기가 전해지는데 관련 기록은 남아 있지 않다. 지금은 소형 의류점이나 액세서리점 등이 빼곡하게 들어선 패션의 거리가 되었다.

충장로와 연결된 황금동에 있던 광주 미문화원은 본래 1925년에 광주의 유일한 조선인 건축가였던 김순하가 설계한 춘목암(요리집)이었다. 해방 후 미군정 관리하에 미군 숙소를 거쳐 광주 미국공보원이 사용한 건물이었다. 1980년 5·18항쟁 이후 광주시민들에 대한 신군부의 학살과 진압을 미국이 방관 내지 묵인했다는 문제 제기에 따라 일부 시민들에 의해 1980년 12월 9일 방화 사건이 일어났다. 1982년에 또다시 광주 미문화원에서 방화가 일어났으며, 1985년 광주 미문화원 점거 사건 등이 이어졌다. 결국 광주 미문화원은 1989년 5월 잠정적으로 폐쇄되었다가 결국 철거되었다. 현재는 주차빌딩으로 사용되고 있다. 역사적 건축물에 대한 기념을 도외시한 안타까운 일이다.

충장로를 이야기할 때 제외할 수 없는 공간이 극장이다. 광주 지역 최초의 극장인 '광남관(光南館)'과 예술영화 전용 극장으로 변신해서 살아남은 '광주극장'이 모두 충장로와 밀접한 관련이 있기 때문이다. 1910년 일제의 강압에 의한 한일병탄 후 일본인들이 본격적으로 이주해 오면서 그들에 의해 영화가 상영되고 극장이 생겨났다. 광주의 극장 역사는 1916년 광주좌(光州座)에서 시작되었다. 1917년에 출판된『광주지방사정』에는 광주좌가 '근년에 신축되었다'고 기록되어 있다. 광주좌의 존재는 1919년과 1920년『매일신보』에 실린, '독자위안회' 명목으로 얼린 에기(藝妓)들의 기예가 펼쳐진다는 기사를 통해 더욱 확실시된다. 하지만 광주좌는 활동사진관이라기보다 '연극장'이었던 관계로, 1920년대 들어선 광남관이 엄밀한 의미에서 광주 지역 최초 상설영화관이 된다.[33]

광남관은 1927년 객사 광산관 터인 충장로1가 25번지에 세워졌다. 1930년께 제국관으로 개명하며, 1935년 이난영과 임방울 공연이 열리기도 했다. 광복 이후 전기섭이 맡아 공화 · 동방극장으로 부르다가 1970년 12월 무등극장으로 개칭한다. 그 이전 광주 최초 가설극장은 1908년 황금동 19번지에 창설한 '고사옥'이다. 1916년 현 파레스호텔 터에 300명을 수용한 '광주좌'란 극장이 건립된다. 1925년 11월 2층으로 증축해 재개관했으나, 1931년 불탄다. 1909년 충장로3가 33번지에 이응일은 창극 공연장 양명사를 세운다. 박동실이 〈춘향가〉로 데뷔한 곳이다. 무등극장은 2012년 역사의 뒤안길로 사라진다.[34] 2000년대 극장가의 새로운 지각변동, 바로 멀티플렉스(multiplex)의 등장에 따른 불가피한 변화의 결과였다.

1960년대 들어 광주로 유입되는 인구가 증가하고 도시 공간의 세분화가 진행되면서 기존에 동구 지역에 몰려 있던 극장이 북구 지역에도 들어서기 시작했다. 동구 충장로 제일극장과 동아극장, 양동시장 부근 현대극

33 위경혜,「광주의 극장 문화사」,『문학들』제26권, 심미안, 2011, 234~235쪽.
34 http://www.kjdaily.com/1638444220561898223. 김경수의 우리 땅 최초 이야기 13(영화 · 극장),『광주매일신문』, 2021.12.2.

충장로 1가에서 3가까지는 액세서리, 의류와 신발 등 젊은이들이 주로 찾는 패션상품,
4가와 5가에는 귀금속과 주단 등 주로 중장년층이 소비하는 상품의 상권이
형성되어 있다. ⓒ 심영의

장과 한일극장 그리고 대인시장 입구 시민관이 문을 열었다면, 북구에 문화극장과 아세아극장 그리고 동양극장이 문을 열었다. 광주는 기존의 8개 극장에 더하여 1960년대 한 해만 8개의 극상이 보태져 총 16개의 극장을 보유한 지역이 되었다. 1960년대가 아무리 한국 영화가 중흥을 맞이한 시기였다고 하더라도, 서울을 제외한 지역 가운데 광주는 최다수 극장 도시의 하나가 되었다.[35]

1999년 9월 16일, 7개의 스크린을 보유한 충장로 5가 '엔터시네마'가 지역에서 최초로 멀티플렉스(multiplex)라는 이름으로 선을 보였다. 멀티플렉스 엔터시네마는 영화 상영이라는 극장의 본래 용도 외에 관객에게 외식과 주차 문제 해결 등 다양한 서비스를 제공했다. 영화는 이제 골라 보는 재미를 선사했고, 관객은 질 좋은 서비스를 요청하기 시작했다. 이에 따라 이전의 단관(單館) 극장은 휴업 또는 폐업을 하거나 변화된 관람 환경에 발 빠르게 대응해갔다. 무등극장 역시 멀티플렉스로 자신의 모습을 바꿔, 식민지 근대화 과정에서 들어선 극장 가운데 유일하게 '광주극장'만이 2002년 '예술영화 전용상영관'으로 변하여 2023년 현재까지 운영 중이다.[36] 도시와 일상생활의 주체인 지역민과 가까이 있었던 극장의 소멸을 거의 유일하게 버티고 있는 극장이 광주극장인 셈이다.

광주극장은 1933년 설립된 이래로 77년째 1개 스크린에서 영사기를 돌리는 광주에서 유일하게 멀티플렉스가 아닌 영화관이다. 1990년 후반 멀

---

35 위경혜, 앞의 책, 239쪽.
36 위의 책, 244쪽.

티플렉스가 등장하면서 단관 극장들이 문을 닫거나 멀티플렉스로 변화하였지만 광주극장은 영사시설과 내부 인테리어만 개보수하여 1968년 화재로 인해 재건축된 이후의 모습을 그대로 유지하고 있다. 아직도 일제강점기 이후로 영화를 검열하는 지정석인 임검석(臨檢席)이 남아 있고, 손으로 그린 영화 간판이 걸려 있다. 멀티플렉스는 물론 다른 지역의 예술영화 전용관과도 차별성을 갖는다. 광주극장은 작지만 고급스러운 이미지의 스폰지하우스, 하이퍼텍나다, 씨네큐브와 같이 잘 정비된 예술영화전용관은 가질 수 없는 오랜 세월 쌓아온 감성과 역사가 있다.[37]

필자가 만난 조신영 씨는 광주극장에서 근무한 지 5년 차 되는 직원으로 매표와 청소 및 매점 관리를 담당한다. 본인에게 광주극장은 어떤 의미냐는 질문에 "영화를 새롭게 바라볼 수 있는, 그리고 영화를 애정하는 공간"이라는 답을 들려줬다.[38] 모두 850석의 객석이 마련되어 있으나 영화제 등 행사가 없는 평일에는 20명 내외의 관객만이 찾는 극장이지만 밝은 모습으로 사람을 대하는 그의 모습에서 그가 영화를 바라보는 진정한 마음을 느낄 수 있었다.

지난 2020년부터 2년여 동안 코로나바이러스의 전 세계적인 확산으로 인해 일상이 정지되다시피 한 결과 거의 모든 극장은 엄청난 타격을 입었다. 광주극장도 예외는 아니었다. 더구나 '넷플릭스'를 위시한 초국적 자본의 동영상 스트리밍 서비스 업체가 사람들의 발길을 극장이 아닌 안방

---

37 허진아 · 이오현, 「예술영화전용관으로서의 광주극장 읽기: 공간의 의미와 소비행위를 중심으로」, 『한국언론학보』 제54권 6호, 한국언론학회, 2010, 61쪽.
38 2023.8.19. 면담(인터뷰).

2023년 광주예술극장 전경. ⓒ 심영의

에 묶어두는 현실에서 광주극장과 같은 예술영화 전용관의 존립은 여전히 커다란 의의를 갖는다.

예술영화 전용관은 영화 상영 혹은 영화 보기라는 원래의 사용가치 이외에 '예술영화관'이라는 상징적 의미도 내포하고 있다고 볼 수 있다. 오페라 극장, 클래식 연주장 등이 고급문화의 장으로서 상징적 의미를 갖는 것과 유사하게 예술영화 전용관 역시 영화라는 장르 내에서 대중영화나 상업영화가 아닌 예술영화, 비주류 영화를 향유하는 사람으로서 관객을 자리매김할 수 있게 한다. 동시에 영화관이 갖는 '영화 보기'와 같은 본래의 물질적, 도구적 필요를 충족시키는 공간이라는 의미 외에 새로운 형태의 감성적 효용, 예술적 효용을 제공하는 상징적 공간의 의미를 갖는다.[39]

39 허진아 · 이오현, 앞의 글, 60쪽.

극장은 기본적으로 영화 상영을 위해 만들어진 공간이다. 그리고 그곳의 관객들은 영화를 보기 위해 모인 사람들이다. 영화 보기라는 동일한 목적을 가지고 사람들이 모인 곳이라는 의미에서 극장은 '공적인 공간'이다. 그러나 광주극장은 영화만이 소비되는 공간이 아니다. 극장에서는 영화도 소비되지만 영화를 상영하고 있는 공간 그 자체도 소비되며, 같은 공간에서 함께 영화를 보는 다른 관객들도 함께 소비된다. 광주극장을 찾는 사람들에게 영화를 본다는 것은, 그리고 광주극장을 간다는 것은 극장의 영화 프로그램, 관람 방식, 실내 분위기와 역사 그리고 같은 취향을 매개로 한 인연까지를 아우르는 의미를 갖는다. 이처럼 극장은 다중의 의미를 지닌 공간이며, 그 안에서 일어나는 관객의 행위 역시 다중의 의미를 지니고 있는 공간이 된다.[40]

이렇게 광주 지역의 중장년 혹은 노년 세대에게 충장로는 친밀한 경험으로부터 발생하는 장소다. 이-푸 투안은 "장소 자체는 인간의 유대를 벗어나서는 거의 아무것도 줄 수 없다"고 말한다.[41] 사람들이 친밀해지기 위해 상대방의 삶의 상세한 부분을 알아야 하는 것은 아니다. 즉 친밀함은 진실한 앎과 교환의 순간에 타오른다. 각각의 친밀한 교환은 인간의 만남의 성격에 관여하는 현장을 가진다.[42] 광주 사람들에게 충장로와 금남로는 그런 특별한 의미를 갖는 장소다.

---

40 위의 글, 77~78쪽.
41 이-푸 투안, 『공간과 장소』, 구동희 · 심승희 역, 대윤, 1995, 225쪽.
42 위의 책, 226쪽.

충장로가 일상적인 삶의 측면에서 상권의 중심지 기능을 해왔다면, 도심 기능이 상무지구로 옮겨지기 전까지 금남로는 행정과 금융의 중심지였고, 지금도 일부 기능이 남아 있다. 남남로는 구도청을 중심으로 금남로1가인 광주 YMCA에서부터 금남로5가인 수창초등학교까지 광주 시가지를 동서로 가르며 뻗어 있는 간선도로다. 전일빌딩과 무등빌딩, 동구청, 광주 YMCA와 가톨릭센터와 한국은행 광주지점을 비롯한 시중은행의 광주지점들 광주은행 본점과 대한 불교 조계종 소속의 원각사[43]와 광주 최초의 개신교회인 중앙교회(북문밖교회)[44] 그리고 수창초등학교로 이어지는 유서 깊은 건물과 공간의 역사를 지닌 도로다.

미국 뉴욕에는 세계의 거대 자본을 움직이는 장소로 월 스트리트(Wall Street)가 있다면 광주 지역 금융가는 금남로1가에서 3가까지 양쪽 도로에 즐비했던 금남로를 광주의 금융가로 부를 수 있을 것이다. 월 스트리트 포토존에는 있고 총 3,200킬로그램의 동으로 만들어진 황소가 있는데, 금남로3가 대신증권 사옥 앞에도 그와 매우 흡사한 동으로 만든 거대한 황소 조형물이 있었다. 그러나 한국은행 광주지점은 시청이 상무지구에 들어선 후 그쪽으로 옮겨갔고 대신증권 광주지점은 물론 대부분의 금융기관도 상무지구로 옮겨가서 자리를 잡았다. 동구청도 국립아시아 문화전당과 조선대학교 입구로 청사를 신축 이전하였다. 광주은행 본점도 대의동 롯데백화점 인근으로 새로운 건물을 지어 옮겼다.

---

43 1914년 선암사의 광주포교당으로 문을 열었다.
44 광주 최초의 개신교회인 북문안교회는 1917년 1월 문을 열었다. 1925년 가을 중앙교회로 이름을 바꿨다. 박선홍, 『광주 1백년』 1권, 심미안, 2012(증보판 1쇄), 159쪽.

광주일보가 들어 있던(광주일보 사옥이기도 했다) 전일빌딩은 본래 자리에 있으나 '전일빌딩 245'로 그 이름을 바꾸었고 광주 YMCA도 본래의 자리에 리모델링을 했다. 가톨릭센터엔 천주교 광주대교구가 있었으나 북구에 있는 임동대성당으로 옮겨갔고, 그 자리엔 '5·18기록관'이 들어섰다. 5·18기록관은 2011년 5·18 기록물이 유네스코 세계기록유산으로 등재된 데 따라 이를 기념하고 광주가 겪은 이야기를 수집·연구·전시하기 위해 마련된 공간이다.

이렇듯 금남로를 따라 즐비하게 들어섰던 주요 건물이 리모델링을 통해 새로운 역할을 수행하거나 장소를 옮겨가기도 하는 등의 변화를 겪었다. 이에 따라 주요 건물에 공실이 발생하고 왕래하는 사람의 숫자가 급속하게 줄어드는 등 금남로 일대는 예전과 비교하면 매우 한산한 거리가 되었다. 금남로 지하에 조성된 '충금지하상가'도 쇠락을 면치 못했다. 다만 동구 소태동의 녹동역에서 광산구 평동역까지 운행하는 도시철도 1호선이 1996년 8월 개통되어 국립아시아문화전당(2015년 개관)과 궁동 예술의 거리와 충장로 등 '시내'를 오가기 위한 시민들의 왕래가 활발해짐에 따라 금남로1가는 매우 활력 있는 거리가 되었다.

그런데 금남로가 단순한 도로의 기능에 그치지 않고 공간적 특성을 지닌 '거리'로 인식되는 것은 그 속에 들어 있는 정체성과 관련된다. 금남로의 상징성은 대부분 그 공간과 관련한 역사적 사건에서 비롯한다. 앞에서 임진왜란을 전후한 시기에 활동했던 김덕령과 정충신 두 장군과의 관련 속에서 거리 이름을 명명한 것은 확인한 바 있다.

그러나 금남로에 대한 상징성은 일제강점기 때인 1929년 광주학생운동

전일빌딩 옥상에서 바라본 구 전남도청과 보수공사 중인 분수대 전경. ⓒ 심영의

구 도청 앞에서 바라본 금남로1가, 금남로는1가에서 5가까지 동서로 뻗어 있는 광주 도심의 중심도로다. 사진의 오른쪽에 전일빌딩이, 왼쪽에 YMCA 건물이 있다. ⓒ 심영의

을 거쳐 1960년 4·19혁명, 무엇보다 1980년 5·18항쟁의 기억에서 매우 뚜렷한 장소성을 갖는다.

1919년 3·1 독립운동과 조선의 마지막 국왕 순종의 인산일(장례일)을 기하여 일어난 1926년의 6·10만세운동을 폭력적으로 진압한 일제는 반일적 사상운동과 사회운동, 그리고 학생운동 등 한국 민족의 대대적인 반격과 도전에 직면했다. 특히 젊은 지식인들—학생들을 중심으로 차별적이고 제한적인 식민지 교육 상황에서 한국인 학생들은 항일 민족운동을 전개했다. 1928년 83건의 항일 학생운동이 전개된 사실은 한국 학생들이 식민지 교육 체제 및 일제의 한국 강점에 대해 민족적으로 저항하였음을 보여주는 것이라 할 수 있다. 내연하고 있던 학생들의 반일 저항의 불길에 화약고가 터지듯 집단적인 저항운동의 형태로 나타난 것이 1929년 광주학생운동이다. 1929년 3월부터 움트기 시작한 학생들의 일제 당국과 일본인 교사 학생들에 대한 반감이 1929년 10월 30일 오후 5시 반경 광주발 통학 열차가 나주에 도착하였을 때 드디어 폭발하였다. 이후 학생운동의 역사적 전개에 대해서는 다른 사료들에서 상세하게 소개하고 있으므로 이 글에서는 생략하겠다. 학생들이 집단적으로 저항하고 시위를 지속할 때 그 주요 장소 중 하나가 금남로 거리였다.

왜 '거리'가 종종 체제의 억압에 대한 저항의 장소로 활용되는가에 대해서는 그것이 많은 군중의 운집과 그에 다른 정치적 감성의 결집이 용이한 데 따른 것임을 1920년대 '길거리 정치'에 관한 기유정의 글에서 확인할 수 있다. 그는, 1920년부터 1929년 사이에 조선인과 일본인 혹은 조선인과 일본인 순사 간의 충돌이 군중 소요로 사건화되었던 사안들은 공간적

광주 YMCA 전경. ⓒ 심영의

금남로1가 전일빌딩 245 전경. ⓒ 전일빌딩 245 홈페이지

금남로3가에 있는 5·18기록관. 옛 가톨릭센터 건물을 리모델링하여 사용하고 있다.

ⓒ 심영의

인 측면에서 대부분 주요한 지물들이 운집해 있으면서 많은 사람과 교통
수단들이 지나다니는 제법 규모가 큰 길거리(혹은 그 길거리를 방사로 두고 있
던 광장이나 시장)에서 일어나고 있었다는 공통점을 갖는다고 말한다.[45]

　1980년 5월에 일어났던 광주민중항쟁의 주요 집회와 저항과 시민들에
대한 군의 발포로 인한 숱한 죽음과 체포도 구도청 앞 광장을 중심으로
한 금남로 일대에서 이루어졌다. 광주 YMCA와 YWCA, 가톨릭센터와 원
각사 등이 시민 학생들이 모여 집회를 조직하고 시국을 한하며 금남로로

45　기유정, 「식민지 군중의 "길거리 정치"와 식민자의 공포(1920~1929)」, 『도시연구』 제19권, 도시사
　　학회, 2018, 101쪽.

광주시 북구 독립로237번길 33
광주제일고등학교 경내에 있는
광주학생독립운동기념탑. ⓒ 심영의

광주시 동구 제봉로158번길 8(장동39-12)
전남여자고등학교 경내에 있는
광주학생독립운동기념탑. ⓒ 심영의

광주 동구 중앙로 302 광주고등학교 안에 있는 광주학생독립운동 기념 조형물.
ⓒ 심영의

운집하여 계엄군에 맞서 싸웠던 장소다. 그것은 금남로가 광주의 중심적인 장소이며, 군중의 집결과 그 열정을 한데 모을 수 있는 최적의 장소였기 때문이다.

인본주의 지리학을 강조했던 이-푸 투안은 "과거는 우리에게 무엇을 줄 수 있는가." 하고 묻는다. 그는 "사람들은 여러 가지 이유로 과거를 회고하지만, 모든 사람들은 자아나 정체성에 대한 느낌을 획득해야 할 필요성을 공유하고 있다."고 말한다.[46] 한국 사회는 진즉에 '위험사회'가 되었다. 위험사회란 독일의 사회학자 울리히 베크(Ulrich Beck)가 1992년에 개념화한 용어다. 현 사회가 위험하다는 직접적인 의미를 담고 있기보다 위험 여부가 모든 결정의 우선순위에 놓이는 사회를 의미한다. 재난은 일상화되고 개인은 각자도생을 강요받는다. 일상적 불안과 공포의 시대에 개인은 생존 그 자체가 삶의 목표가 되고 공포의 사사화(私事化)가 가속화되는 것이다.[47]

우리 지역민이라고 다를 건 없다. 다만 우리는 충장로와 금남로를 걷는 그 길에서 함께 경험했던 사건들을 통해 공유하고자 하는 느낌 혹은 정체성의 감각을 통해 그래도 한순간 우리가 경쟁이 아니라 연대와 공감과 서로에 대한 지지를 통해 민주주의 발전에 획기적인 성취를 이루었다는 얼마간의 자부심을 갖게 되지 않을까. 그것으로 인해 우리는 조금 남다른 지역에 대한 애착과 결속감을 갖게 되지 않을까. 이렇게 도시는 하나

---

46 이-푸 투안, 앞의 책, 297~298쪽.
47 정수남, 「공포, 개인화, 그리고 축소된 주체」, 『정신문화연구』 제33권 4호, 2010, 330쪽.

도심 속 사찰인 원각사. ⓒ 심영의

의 장소이며, 특히 의미의 중심이다. 그것은 매우 가시적인 상징을 많이 가지고 있다. 더욱 중요한 것은 도시 그 자체가 하나의 상징이라는 점이다.[48] '광주'는 온통 역사적 상징으로 가득한데 특히 '금남로'가 그러하다. 그러한 까닭에 충장로와 금남로로 이어지는 길은 '오월로'라는 또 다른 이름으로 부르고 있기도 한다.

그런데 금남로를 중심으로 낡은 건물을 허물고 그 자리에 고층 빌딩 특히 아파트와 같은 공동주택 내지 생활형 숙박시설이 상당한 물량으로 건축되고 있는 것은 심상한 일이 아니다. 광주만 해당하는 것은 물론 아니

---

48   이-푸 투안, 앞의 책, 278쪽.

고, 그동안 현대 도시는 자연과 분리된 기술적 공간의 총체성 속에서 형성되어왔다.[49] 광주와 전남의 행정구역 분리로 도청이 전남 무안으로 이전하고 광주시청이 서구 상무지구에 들어섬에 따라 동구 금남로는 도심 공간의 공동화라는 문제에 직면하게 되었다. 각종 금융기관도 상무지구로 이전함에 따라 출퇴근하는 유동인구도 급감했다. 비어 있는 사무 공간을 생활형 시설로 리모델링하는 데서 나아가 고층의 공동주택이 곳곳에 들어서는 것이 문제되는 것은 그것이 무엇보다 금남로라는 장소성—도시 정체성과는 무관하게 이루어지기 때문이다.

'도시 정체성'은 19세기 근대 도시가 형성되면서부터 다각적인 관점에서 이루어졌다. 최근 급격히 대두된 도시 정체성에 관한 관심은 두 가지 측면으로부터 찾을 수 있다. 하나는 산업화된 도시에서 전통적 장소의 상실 혹은 복원의 측면에서다. 또 다른 측면은 지역 간의 경쟁 강화로 인한 도시 개발 때문이다.[50] 금남로 여기저기에 들어서는 초고층 공동주택들은 일정한 인구를 유지해야 하는 절박한 요구에 직면한 행정당국 입장에서는 긍정적이겠으나 장소성의 상실이라는 측면에서는 안타까운 일이다.

좀 더 본질적인 차원에서는, 오늘날 현대 도시적 삶은 '생산'이 아니라 '소비' 욕망을 통해서 자본의 욕망을 복제하고 있다. 그런 의미에서 도시 공간에서의 자본 지배는 총체적이라는 데 있다. 자본의 욕망, 즉 가치 증

49 박영균, 「욕망의 정치경제학과 현대 도시의 위기」, 『마르크스주의 연구』 제6권 2호, 경상대학교 사회과학연구원, 2009, 154쪽.
50 김소영, 「도시정체성, 기술에 관한 존재론적 성찰로부터 : 리가(Riga)의 도시건축물을 중심으로」, 『한국예술연구』 제24권, 한국예술종합학교 한국예술연구소, 2019, 84쪽.

금남로3가에 있던 한국은행
광주지점 자리에 도심 속 공원이
조성되어 공연장으로 이용되고 있다.
내부에는 위안부 소녀상이 있다.
ⓒ 심영의

식 욕망을 개인의 노동력과 삶을 지배하는 원칙으로 바꿈으로써 구체적인 생활 공간 속에서 실현되었다. 그것은 개인의 욕망을 배제하는 것이 아니라 오히려 개인의 욕망을 '소유권'과 '이기성'으로 환원함으로써 이루어졌다. 노동의 가치는 '가짐', 즉 로크가 정당화한 소유권으로 환원되었으며, 도시의 정치적 원리와 사회적 윤리는 이기성을 가진 개인들의 합리적 계산, 타산적 이성의 작용에 근거한 '사회계약'적 원리로 환원되었다. 여기서 '쾌락 추구'는 모든 이기성의 근본적인 동기이며 타산적 계산 능력은 시민적 덕목이 되었다. 따라서 도시는 더 이상 '공동사회(Gemeinscaft)'가 아니며 '이익사회(Gegellscaft)'가 되었다.[51]

자연과 인간을 대립시키고 인간과 자연 양자를 인공적–기술적 메커니즘에 종속시키면서 양화하는 방식이 아니라 생명의 역동적 힘을 자기 가치화하면서 생명의 에너지적 순환을 창출하는 새로운 공간의 건설은 무망한 일일까. 이는 물론 욕망의 정치경제학에 기반한 현대 도시 전반에 관한 문제 제기이지만 광주와 금남로라는 장소성의 상실과 연결되는 것으로 보아 짧게 언급했다.

4. 북구 민주로

광주에서 담양군으로 넘어가는 동문대로를 시·군 경계선 조금 못 미

---

51 박영균, 앞의 글, 161쪽.

치는 곳에서 왼쪽으로 접어들면 '민주로'다. 4.7킬로미터 길이의 길에 도로명 주소가 1~459번까지 주어졌다. 5·18 민주묘지는 도로명 주소가 '민주로 200'이니 중간 약간 못 미친 곳, 오른편에 있는 셈이다. 지금은 북구 삼각동으로 2015년 10월 19일에 이전하였으나 1971년 개소 당시에는 북구 동문대로 261(문흥지구)에 있었던 옛 광주교도소 터에서 망월동 시립공원묘원까지를 실질적인 민주로라 할 수 있다. 광주교도소는 그만큼 5·18항쟁과 깊은 연관을 맺고 있는 장소다.

옛 광주교도소는 5·18항쟁 당시 계엄군(3공수)이 주둔하면서 체포한 시민들을 구금 수용한 곳이다. 온갖 고문과 가혹한 폭력을 행사하고 심지어 암매장 의혹을 받으며 당시 암매장된 희생자의 유해를 발굴하는 작업을 현재 진행하고 있다. 암매장 관련하여 당시 근무했던 교도관의 증언이 있으나 발굴이 특별한 성과를 내지는 못하고 있다. 당시 계엄군의 증언과 기록이 부재하기 때문이다. 특히 "폭도들이 광주교도소를 습격했다, 그래서 사살하고 체포했다."는 계엄당국의 왜곡 프레임이 오랫동안 작동하여 5·18항쟁의 역사적 정당성을 왜곡 부정하는 논리의 하나로 활용되기도 했다. 1982년에는 5·18항쟁 당시 전남대학교 총학생회장이던 박관현이 이곳에서 단식투쟁을 하다 목숨을 잃었다. 34년간 비전향 장기수로 있다가 석방된 후 1993년 3월 19일 최초로 북한으로 송환된 이인모 씨의 수기에 따르면, 1968년부터 1975년 사회안전법이 시행된 뒤 대전교도소로 이감되기까지 그를 포함한 비전향 장기수들이 사상을 전향하도록 강제당했던 장소이기도 하다.

이렇게 광주교도소는 현대사의 비극과 관련된 역사적 장소다. 광주시와 시민단체에서는 전체 원형을 보존하여 민주인권기념공원을 조성하려고 하지만 정부(기획재정부)에서는 일부는 보존하되 대부분을 상업지구로 개발하려는 입장인 탓에 2023년 현재 관련 사업 진행이 되지 않고 있다. 2023년에 법 관련 체험·전시·교육 시설인 '광주솔로몬파크'가 개관식을 열고 본격 운영에 들어가기는 했다. 법 체험터와 법 놀이터, 도서관과 영상관 등을 갖춘 3층 규모로 지어진 '광주솔로몬파크'가 나름의 기능을 하겠으나 역사성을 갖고 있는 상징적 공간에 대한 충분한 이해에는 미치지 못하는 경우라 하겠다. 최근에는 교도소 터 주변에 초고층 아파트단지가 들어서는 등 재개발이 이루어지고 있다.

민주로에서 5·18민주묘지 앞으로 '518번' 시내버스가 운행한다. 1980년 5·18항쟁 때 항쟁과 시위에 참여했던 인사들을 체포 연행해와 구금했던 옛 상무대 영창이 있던 곳 '5·18 자유공원'에서 시작해 5·18기념문화센터를 지나 금남로를 따라 옛 전남도청~옛 상무관~대인시장~전남대 정문 등 1980년 5월 그날 광주의 흔적을 샅샅이 더듬어보도록 노선을 설계했다. 평소에는 승객이 많은 편이 아니지만 설날과 추석 같은 명절, 그리고 해마다 5·18행사가 진행되는 주간에는 참배객들을 위해 셔틀버스로 운행된다.

민주로의 끝에는 국립5·18민주묘지와 흔히 '망월동 묘역'이라 부르는 '구묘역' 곧, 민족민주열사묘역이 있다. 1980년 항쟁 당시 셀 수 없이 쌓여가는 시신들을 치우기 위해 신군부가 급하게 만든 묘역이다. 안장 절차도 없이 손수레와 트럭에 실어 버리다시피 묻어버린 곳이다. 2002년 국립5·18민주묘지가 조성된 뒤 소위 5·18 희생자(유공자)들의 묘는 지금의

국립5·18민주묘지 입구 민주의 문(왼쪽)과 민주화운동 추모탑.
추모탑 건너편 제1묘역에 2023년 7월 현재 778기, 그 너머 제2묘역에 193기 등 모두
971기의 5·18 유공자가 안장되어 있다. ⓒ 심영의

'5·18민주묘역'으로 이장했다. 이는 시민사회의 일정한 갈등과 분열의
단초가 되었다. 5·18의 진실을 규명하라는 요구를 내걸고 투쟁하다 숨
을 거둔 수많은 민주 열사들은 초라한 '구묘역'에 남겨졌기 때문이다. 구
묘역에는 1987년 6월 항쟁의 도화선이 된 김세진, 이한열을 비롯해 사복
경찰의 쇠파이프에 맞아 죽으며 1991년 5월 항쟁을 촉발했던 강경대, 경
찰이 쏜 물대포에 맞아 숨진 백남기 농민, 저항시인 김남주, 분신했던 전
남대 박승희 등이 안장돼 있다.

해마다 5월이 되면 광주시에서는 기념사업추진위원회를 가동하고 다양
한 추모 및 기념행사를 연다. 전국 각지에서 찾아온 시민들은 모든 행사

5·18민주항쟁 사적 24호로 지정된 망월동 구 묘역, 5·18진상규명 투쟁과 민주화운동 중에 유명을 달리한 인사들이 안장되어 있다. ⓒ 심영의

의 시작과 끝에 민주로의 맨 끝에 있는 5·18묘역을 참배한다. 정치인들의 정치 행위로서의 참배가 이루어지는 상징적 장소이기도 하다. '기억의 정치' 속에서 항쟁의 진실과 참상을 실증하는 망월묘역을 향한 그와 같은 순례 행렬은 권력이 강제한 집단기억과는 다른 대항기억을 새긴 새로운 감성적 주체들의 저항적 실천이었고, 그들의 실천 속에서 망월묘역은 '폭도들의 묘지'에서 '민주성지'로 재편되었다. 동시에 망월묘역의 장소성은 그것을 매개로 한 광범위한 순례공감장을 형성하고 5월 운동을 촉진했다.[52]

하지만 망월동 묘역에 뿌리를 둔 순례공감장이 균질하고 정적인 것은 아니었다. 그것은 한국사회의 5·18항쟁을 매개로 한 정치적 역학관계 및 담론 지형을 배경으로, 민주주의를 위협했던 '공범' 세력 간 상호 대립과 충돌이 지속된 유동적인 공간이었다. 결국 5·18항쟁이 국가기념일로 지정되면서 망월동 묘역은 '구묘역'과 '국립5·18민주묘지'로 분리되었고, 오늘날 두 개의 묘역은 5월에 대한 서로 다른 기억의 뿌리이자 출발점이 되고 있다. 기념의 국가화가 낳은 문제를 성찰하는 데 있어 순례공감장이 만든 망월동 묘역의 장소성과 5월의 기억은 지금 여기 무엇을 말하고 기억할 것인가를 시사한다.[53]

정호기는 그의 글에서 "5·18의 주체와 성격 분석에 있어서 계엄군의 잔인한 진압과 학살의 강조가 시민의 희생에 대한 조명과 연동되어 작동

---

52 김봉국, 「순례공감장: 망월묘역과 5월의 기억」, 『감성연구』 제22권, 전남대학교 호남학연구원, 2021, 307쪽.
53 위의 글, 307~308쪽.

하지만, 항거와 항쟁의 가치를 약화하는 측면이 있음"을 주목한다.[54] 공헌과 희생이 뒤섞인 혹은 얼버무린 상태의 '5·18유공자'라는 일련의 제도화 과정이 1980년 5월 '절대공동체'를 이루었던 광주시민 나아가 국민의 일체감에 균열을 일으켰다고 보는 것이다. 김상봉은 5·18 당시에 형성된 공동체를 현존하는 국가의 권력에 대한 저항이라는 점에서 '항쟁 공동체' 그리고 '온전한 만남' 속에서 이루어진 '참된 공동체'로 정의한다. 수십만 명의 시민들이 그토록 놀라운 질서와 도덕성을 증명한 것은 역사에 유례가 없는 일이었음을 강조하는 김상봉은 "광주시민들은 자기에게 절제했으며, 서로에 대해 헌신적이었고, 타자에 대해 친절했으며, 적에 대해 용감했다."[55]고 말한다. 그럼에도 불구하고 2023년의 광주가 1980년의 정신에서 멀어졌다면, "서서히 타자를 배제하고 당사자들만의 의례로 기념행사와 기념사업이 이루어지면서(당사자의 홀로주체성)[56]" 혹은 고통의 증거를 가지고 고통의 우열을 셈하며 보상하는 방식이 가져온 필연적 귀결(세속화)일 수도 있다. 지배 권력이 행사하는 재화의 분배 시스템을 용인하고 그 내부에 자신의 위치를 가둘 때 필연적으로 5·18은 1980년 당시의 윤리적 태도에서 멀어질 수밖에 없다.

김봉국은 "하나의 뿌리에서 나온 두 개의 장소는 항쟁과 '영령'을 둘러싼 기억과 의미투쟁의 역사를 반증한다"고 말한다. 그에 따르면 망월묘역

---

54 정호기, 「5·18의 주체와 성격에 관한 담론의 변화」, 『황해문화』 제67권, 새얼문화재단, 2010 여름, 284쪽.

55 김상봉, 『철학의 헌정』, 길, 2015, 61~69쪽.

56 위의 책, 218쪽.

은 '기억의 터(lieux de mémoire)'로서 항쟁 그 자체는 물론 그에 대한 기억과 의미투쟁의 역사를 성찰하게 하는 매개체이기도 하다.[57]

5·18민주묘역 관리사무소에서 2011년부터 근무하고 있는 문귀숙 씨는 전남 목포에서 고등학교를 다니고 있던 해(1학년 때) 5·18항쟁 소식을 들었다고 했다. 당시 목포 지역에서도 시민들에 의해 역전파출소가 불타는 등 항쟁의 열기가 확산했다. 그러나 그는 본인 혹은 가족이나 친구 등이 5·18에 참여하거나 희생을 당하는 등 5·18과 직접적인 관련은 없다. 결혼 후 문화관광 해설사로 일하던 중 5·18국립묘지 관리사무소의 구인 광고를 보고 지원해서 인턴을 거쳐 공무직으로 현재까지 근무하면서 5·18묘역 참배객들을 위한 안내와 해설 등의 일을 하고 있다. 2019년에 시집 『둥근 길』(심미안)을 상재한 시인이기도 한 그는 시집에 수록된 시 중에 5·18 관련 시는 없다고 했다. 까닭을 물으니 "5·18에 대해, 가까이에서 너무 잘 알고 있는 일이라 오히려 그것을 시로 표현하는 일이 더 어려웠다."고 답했다.[58] 생활인으로서의 그에게 5·18묘역은 일상을 꾸려가는 일터로서의 의미가 더 많아 보였는데, 그것은 누구라도 그러하지 않을까. 5·18 주간이 되면 반드시 그래야 하는 것처럼 5·18에 관련하여 40여 년이 지난 지금도 1980년 당시의 정서에서 조금도 벗어나지 않는 나태한 시를 발표하는 이들보다야 더 솔직한 사람이었다.

5월시 동인시집 제5집에 실려 있는 곽재구 시 「잊혀진 노래」[59]에서 필자

---

57 김봉국, 앞의 글, 310쪽.
58 2023.8.21. 인터뷰.
59 곽재구, 「잊혀진 노래」, 『5월시 동인시집 제5집』, 그림씨, 2020, 59쪽.

는 약간의 위안과 씁쓸함을 느낀다. "산이 그 넉넉한 가슴 안에/푸른 풀과 바람과 바위를 거느리듯이/어머니 우리가 우리들 삶의 가슴 안에/아기들의 웃음소리 같은 아름답고/깨끗한 풀 한 포기 키울 수 있다면/그 풀잎에 한껏 매달려 휘영청/휘영청 세 번쯤 그네를 띄우고 가는/초록 바람과 함께 아울려 살 수 있다면/그 어떤 싸움과 증오와 굴욕 앞에서도/어머니 우리가 그즈음의 노래를/잊고 사는 것이 끝내 죄가 되지 않을" 것이다.

5. 대인동의 유곽들

성매매는 노동인가 아니면 성 노예화인가 하는 논쟁은 우리 사회 미완의 과제 중 하나다. 그것은 인간의 존엄성을 옹호 · 지지하는 입장과 성 (sex)의 자기 결정권 혹은 직업 선택의 자유라는 가치의 대립처럼 보인다. 한신대 교수 고정갑희의 경우 "매춘 여성들을 피해자로 놓고, 매춘을 근절시키려고 성특법을 제정하고 집창촌을 강제 폐쇄하려는 것은 매춘 노동을 하는 여성들에게 또 다른 낙인과 폭력을 가하는 것"[60]으로 보는 입장이다. 그는 "쾌락 생산을 위한 성 노동"[61]이라는 개념으로, 즉 "인간의 욕망을 직접적으로 충족시킨다."[62]는 점을 강조하면서 "성 산업 · 성 노동자

---

60   고정갑희, 「매춘 성노동의 이론화」, 『경제와사회』 통권 제81호, 2009년 봄호, 113쪽.
61   위의 글, 119쪽.
62   위의 글, 121쪽.

들의 저항과 연대의 가능성을 만들기 위한"[63] 보다 적극적인 학문적 실천을 자신의 입장에 대한 근거로 삼는다.

그러나 문제가 그리 간단치 않은 것이, 성매매는 죄인가? 혹은 여성혐오에 기반한 구조적 폭력인가? 하는 질문, 그것이 여성을 대상으로 할 때 착취, 곧 다른 사람의 희생을 기반으로 행해지는 것인가 하는 질문에는 좀 더 섬세한 논의가 필요하기 때문이다. 이 글에서는 특히 대인동 거리에 유곽(brothel, 遊廓)[64]이 형성된 사회정치적 맥락과 그 장소와 연관을 맺고 삶을 이어가야 했던 사람들의 정체성 문제에 주된 관심을 갖는다.

일반적으로 성매매는 고대부터 있었고, '매춘' 또는 '매매춘'이라고 불리기도 하는 성매매 종사자, 곧 '매춘부'는 인류 역사에서 오래된 직업 중하나로 알려져 있다. 물론 성매매가 초역사적이고 보편적인 것으로서 고려되거나 매우 '자연화된' 것으로 윤색되면서 정치적이고, 사회적인 측면이 간과되었던 데 대하여 추주희는 이의를 제기한다.[65] 성매매가 언제나 어디에나 있었던 초역사적인 일이었음을 우리가 인정한다 하더라도, 초역사적 시간을 관통했던 공간이 균질적인 것은 아니기 때문이다. 이 글은 그러한 주장에 공감하면서 성매매라는 여성 억압의 초역사성이 대인동이

---

63 위의 글, 129쪽.

64 유곽은 본래 일본어로서 유카쿠(遊廓)가 원 발음이다. 유곽(遊郭)이라고도 쓴다. 그 주위를 도랑이나 울타리로 에워싸고 출입구를 한 곳으로 제한하여 외부와의 관계를 차단한 경우가 많았던 것에서 비롯한다. 일제강점기 일본에 의해 조선에 조성된 또는 국가의 허가 또는 묵인을 받아 성매매 영업을 하는 업소나 집결지를 가리키는 성매매 장소다. 이글에서는 '유곽'과 '성매매 집결지'를 혼용한다. 결국 같은 의미를 갖는 공간이기 때문이다.

65 추주희, 「광주 대인동, 성매매 집결지의 형성과 변화」, 『호남문화연구』 제63집, 전남대학교 호남학연구원, 2018, 146쪽.

라는 사회적 공간에서 어떻게 실현되었는가 하는 점을 살펴볼 것이다. 성매매는 대체로 성인 남성이 여성 혹은 남자아이의 몸을 구매하는 방식으로 이뤄졌다. 어떤 형태로든 성매매는 물질과 사람의 性을 교환하는 행위이다. 따라서 성매매는 계급사회, 자본주의 등과 밀접한 관계가 있을 뿐아니라 사회적 규범 혹은 모럴(moral)의 문제와 떼어서 논의할 수 있는 문제가 아니다.

현실에서 매춘 여성들은 이성애적인 가족 질서를 옹호하는 사회규범에 대한 반대자들로 규정되고, 도덕적으로 낙인찍히며, 범죄자들로 처벌된다.[66] 그러나 독일의 사회주의 역사가이자 예술사가인 에두아르트 푹스(Eduard Fuchs)는 시간과 공간을 초월하여 우리들의 행동을 지배하는 도덕률은 이 세상에 존재하지 않는다고 말한다.[67] 어떤 시대에 도덕적인 것으로 간주되고 모든 사람들에 의해서 공개적인 도덕률로 요구되던 것도 다음 시대에 들어서면 종종 부도덕한 것으로 간주된다는 것이다. 예를 들면 16세기 수공업 마스터들에게 아내는 집안일을 잘 돌보는 엄격하고 정숙한 주부였지만, 돈 많은 상인들의 아내는 주부이자 관능적인 향락의 도구였다. 이들은 가사노동에서 해방되었지만 사치품이 되어갔다. 16세기 소시민 수공업자들이 점점 계급의식에 눈을 뜨고, 욕탕 생활이 지배계급에 대한 반항의 중심지가 되었다. 그러자 지배자들은 목욕탕이 풍기문란의 장소라고 선언하고 목욕탕을 폐쇄해버렸다는 것이다.

---

66 오김숙이, 「집창촌 여성들의 하위문화는 존재하는가」, 『여/성이론』 제18권, 도서출판 여이연, 2008, 68쪽.
67 에두아르트 푹스, 『풍속의 역사』, 리기웅 · 박종만 역, 까치, 1988, 14쪽.

우리의 경우도 다르지 않은데, 전한(前漢) 왕조 1대의 역사를 기록한『한서지리지(漢書地理志)』에는 고조선이 여성의 정절을 중요시한 사회였다고 언급되어 있다. 그러나 삼국시대에는 개방적인 남녀관계였다는 게 사학자들의 일반적 평가다.『삼국지』「위지동이전」에는 고구려인들이 밤에 남녀가 모여 노래를 부르고 춤을 추며 즐겼다고 기록되어 있으며,『삼국유사』에는 혼전 성관계나 남편 없는 여성들의 출산에 관한 기록이 더러 보인다. 고구려 주몽 설화에는 주몽의 어머니인 유화가 해모수와 사랑에 빠져 주몽을 임신하였으며, 주몽은 예씨녀와의 관계에서 유리왕을 잉태했다. 신라 김유신의 누이동생 문희는 김춘추와의 관계로 혼전 임신을 하였으며, 백제 무왕의 어머니는 못 속의 용과 관계하여 무왕을 낳았다는 설화가 전해진다.

설화의 사례는 비록 상징적 의미가 강한 이야기들이지만 에두아르트 푹스의 말이 아니더라도 시간과 공간을 초월하여 우리들의 행동을 지배하는 절대적인 도덕률은 이 세상에 존재하지 않는다는 것을 말해주기에 충분하다. 에두아르트 푹스의 논지에서 중요한 것은, 특권 계급의 지배 이익에 도움이 되는 것은 모두 다른 계급에게는 도덕률로 강요되었다는 점에 있다.[68]

그는 "눈부신 발전을 거듭한 오늘날의 모든 문명의 토대를 사유재산제"[69]로 보는데, 일부일처제 역시 개인적인 성적 사랑에서 생긴 것이 아니

---

68 위의 책, 64쪽.
69 위의 책, 23쪽.

라 인습 위에 구축된 것이며 자연적인 조건 위에서가 아니라 경제적인 조건 위에 세워진 가족 형태였다고 본다.[70] 물론 그 경제적인 조건이란 오로지 남자의 경제적인 이익을 위한 깃이기 때문에 사유재산제의 발생은 여자에게만 일부일처제를 요구했다고 말한다.[71] 그는 계속해서, 지금까지 어떠한 법률도 매춘을 완전히 없앨 수는 없었으며 무자비한 공권력의 박해가 가해졌음에도 불구하고 매춘부가 사회에서 일소된 적은 결코 없었다고 말한다.[72] 까닭은 상품경제의 발전을 토대로 하는 사유재산제는 모든 것에 상품성을 부여했고, 모든 것을 금전관계로 변화시켰으며, 이 때문에 연애(남녀 사이의 성을 매개로 한 관계)는 속옷과도 같은 상품이 되어버렸다는 것이다.[73]

19세기와 20세기에 살았던 에두아르트 푹스보다는 좀 더 가까운 시기에 살았던 독일 출신의 여성학자 마리아 미즈(Maria Mies)는 남녀관계를 기본적인 생산 관계 구조의 일부에서 파생된 착취로 파악한다.[74] 마리아 미즈는 여성은 어떤 부르주아적 의미에서도 자유로운 역사적 주체로 규정된 적이 없다고 말한다. 생산 수단을 소유한 계급의 여성이나 프롤레타리아 계급의 여성도 스스로를 소유한 존재가 아니다. 미즈에 따르면, "그들은 재산이었다. 여성은 재산 소유자가 아니라 스스로가 재산인 존재이

---

70 위의 책, 25쪽.
71 위의 책, 25쪽.
72 위의 책, 26쪽.
73 위의 책, 26쪽.
74 마리아 미즈, 『가부장제와 자본주의』, 최재인 역, 갈무리, 2014, 79쪽.

다."[75] 성매매로 내몰린 여성의 위치는 말할 나위가 없을 것이다. 다만 이 문제 역시 성매매 여성들 내부의 위계를 통해 착취와 비-착취의 사슬이 존재했을 것이므로 그렇게 간단한 문제는 아니다.

중앙대 사회학과 교수 이나영은 헌법재판소의 성매매특별법 합헌 판결에 대한 이의를 통해 여성혐오(Misogyny)를 통한 구조적 젠더 폭력이 성매매의 본질이라는 논지를 편다.[76] 그는 성매매를 통해 젠더에 대한 고정관념과 기존의 성차별 구조가 유지·강화·재생산된다고 주장한다. 성매매는 여성에 대한 혐오와 차별의 명시적 표현이자 실질적인 해악을 발생시킨다는 판단의 근거를 그는 "성매매는 우리가 지키고자 하는 민주주의의 핵심적 가치인 자유·평등·인권을 위협하기 때문"이라고 본다.[77]

한반도에서 본격적인 성매매 역사는 신라 시대부터 시작되었다거나 조선 시대부터 시작했다는 학계의 서로 다른 주장이 있으나 성매매 집결지인 집창촌(집단 거주의 형태로 산업적인 성매매)의 시작에 대해서는 1876년 개항 이후로 대체로 일치한다. 서울시립대 명예교수 손정목은 "한반도에서 불특정 다수를 상대로 성관계를 맺고 그 대가로 돈을 받는 창기 혹은 창녀라는 직업이 공식화된 것은 1904년 10월 10일 이후의 일이며, 이는 일제 침략기부터 성매매가 본격적으로 시작되었음을 의미한다."고 말한다.[78]

---

75 위의 책, 361쪽.
76 이나영, 「성매매는 죄인가? 여성혐오에 기반한 구조적 폭력인가?」, 『페미니즘연구』 제16권 2호, 2016, 403쪽.
77 위의 글, 414쪽.
78 홍성철, 『유곽의 역사: 아미산하 유곽에서 파주 용주골까지, 집창촌 100년의 기록』, 페이퍼로드, 2007, 18쪽에서 재인용.

국가가 관리하는 성 규제의 역사는 성매매의 역사에 비해 길지 않은데, 18세기 말 나폴레옹 시기 프랑스 파리에서 탄생하여 독일, 영국 등 유럽 전역으로 파급되고, 이후 유럽의 식민지들에도 확산하였고, 군사적, 제국주의적 논리에 의해 19세기 동안 전 세계에 퍼졌다.[79] 일제강점기 동안 한반도 내 식민 도시들에는 소위 '대좌부 지정구역'이라 불린 유곽이 다수 존재하였다. 이는 성매매 여성을 성병 확산 및 풍속 괴란의 원인으로 규정하여 비인간적인 감금 및 성병 검진을 행하는 것을 핵심으로 하는 공창제도(公娼制度) 도입 결과로 이루어진 것이다.[80]

개항 이후 일본은 메이지유신으로 대표되는 서구식 근대화에 전력을 다하였다. 이에 서구 제국주의 국가들을 방문하여 그들의 문물을 무차별적으로 습득하였다. 서구 사회의 성 규제는 이때 도입되었는데, 1872년 유럽 여러 국가의 경찰 제도를 시찰하고 돌아온 경찰 간부에 의해 공창제도의 형태로 이식되었다.[81]

일본의 공창제도는 조선의 개항과 더불어 한반도 내 일본인 거류지를 중심으로 이식되기 시작했고, 1910년 한일강제병합 이후 1916년에 이식이 완료되었다. 일본 제국주의 식민정부가 한반도에서 성매매를 합법화하고 관리하기 시작한 것은 1916년의 일이다. 그러나 개항 이후인 1881년부터 이미 원산 및 부산 등지에서 예창기라 지칭된 성매매 여성들을 등

---

79 김종근, 「일제강점 초기 유곽공간의 법적 구성 및 입지 특성」, 『한국지리학회지』 제6권 2호, 한국지리학회, 2017, 198쪽.
80 위의 글, 195쪽.
81 위의 글, 198쪽.

록시키고 성병 검진을 시행하고 있었다. 그러나 유곽이라 불린 구역에 성매매 여성들을 밀집시키는 것은 20세기 들어서면서부터인데, 부산, 인천에서는 1902년에, 서울에서는 1904년에, 목포에서는 1906년에, 군산에서는 1907년에, 대구에서는 1908년에, 평양에서는 1909년에 시작되었다.[82]

1945년 해방 이후부터 한국전쟁기에는 일본을 대신한 미군 기지촌 주변에 성매매 업소가 들어서는 변화를 보인다. 송정리(광주광역시로 편입되기 이전 송정은 행정구역상 광산군 송정읍 송정리였다.)에 성매매 업소가 번성하게 된 것도 한국전쟁 이후 미 공군부대가 광주공항이 있는 광산구 송정리에 위치하자(1945) 그 주변과 송정역 부근에 기지촌이 형성되었던 것이다. 홍성철은 "이들 기지촌 여성 중 상당수는 전쟁 등으로 부모나 남편을 잃었거나 시골의 가난한 집안 출신이었다. 대다수가 초등학교조차 마치지 못했으며, 스스로를 '타락한 여성', '비정상'으로 규정했다. 이들이 스스로를 그렇게 부른 까닭은 기지촌에 오기 전 이혼과 강간, 혼전 임신 등으로 사회적 지위와 자아 존중감을 잃었기 때문"이라고 설명한다.[83]

이나영은 성매매 생존자들의 내러티브에서 그와 같은 '더럽다'고 느끼는 감정의 단서를 발견하고 이를 제시한다. "내 몸이 어차피 더러워졌다고 느꼈기에 난 내 몸을 함부로 굴렸다."[84] 경제적 이유로 성매매를 선택할 수밖에 없었던 이들은 상시적 멸시, 비하, 비인간화, 대상화, 폭력과

---

82 위의 글, 199쪽.
83 홍성철, 앞의 책, 187~188쪽.
84 '샤인'의 글, 성매매피해자여성지원센터 살림, 『너희는 봄을 사지만 우리는 겨울을 판다』, 삼인, 2006, 61쪽. 이나영, 앞의 글, 410쪽에서 재인용.

학대에 노출되어 있으나 그들은 대처 불능의 상태에서 예측 불/가능한 위협과 폭력에 반복적으로 노출된 채, 무기력을 내재화하기도 한다. 내/외부적 고립과 배제를 일상 속에서 체험하면서 인간성의 밑바닥부터 붕괴되는 경험까지 하지만, 그들은 그러한 상황을 중단시키거나 그러한 장소로부터 떠나고 싶어도 그렇게 할 수가 없다. '중지'와 '떠남'을 선택할 수 없는, 지속적 모욕 상태에 놓이는 인간은 근본적인 자유를 빼앗긴 수용소의 수인과 같다.[85]

대인동은 일제강점기 때 유곽에서 출발한 황금동과 달리 1940년대 초부터 집창촌으로 발전했을 것으로 추측된다. 1950년대 중·후반부터 1960년 사이에 금남로5가와 대인동 일대는 아주 빠른 속도로 광주에서 가장 규모가 큰 집단적인 성매매 집결지가 된다. 1908년부터 황금동 학생회관 자리에 있던 기타무라(북촌루)와 이시무라(서촌루)라는 일류 요리점을 시작으로 1911년 5월 불로동에 문을 연 하루노야(춘내가)라는 일본식 요정이 문을 연다. 광주에서 본격적인 유곽이 등장하는 것이다. 각 요리점에서는 기생들을 교육했고, 기생 외 창기들은 서문 밖을 중심으로 거주하였는데, 이 구역은 1916년 총감부령 제4호에 의해 '대좌부 영업지역' 즉 유곽 지역으로 지정 고시된다. 대좌부 영업지역의 성매매 업소는 고객에게 '깨끗하고 안전한 공간'이었지만 성매매 여성에게는 '감옥과 같은 공간'이었다.[86]

---

85 위의 글, 422쪽.
86 추주희, 앞의 글, 153쪽.

1961년 군사쿠데타 이후 박정희 정권은 부패와 구악의 일소를 내걸고 성매매를 근절하기 위한 대책을 내놓았으나 그것은 가능하지 않았다. 일찍이 에두아르트 푹스가 말한 것처럼, 지금까지 어떠한 법률도 매춘을 완전히 없앨 수는 없었으며 공권력의 박해가 가해졌음에도 불구하고 매춘부가 사회에서 일소된 적은 결코 없었다는 말을 상기시킨다. 까닭은 그것이 관계된 여러 이해 당사자들, 매매춘 업주와 건물주, 인근의 가게들, 성매매 여성 등의 경제적 관계가 중첩되어 있는 문제이기 때문이다.

박정희 정권은 1962년 성매매를 사실상 허용하는 '특정 지역' 104개소를 전국에 설치한다. 당시 전남에는 세 곳이 포함되었는데, 광주 대인동(1962.5.5.), 여수 교동(1962.2.10.), 목포 만호동(1962.5.30.)이 그것이다. 그 후 광산 송정읍에 1개소를 증설(1965)하여 전남에는 모두 3개 시와 1개 군에 특정 지역이 설치된다. 이렇게 도심에 산재하고 있던 '사창굴'이 특정 지역의 선포로 성매매 집결지 형태로 결집한 사실은 성매매 여성들은 위험하고 불결하여 비도덕적이라는 인식의 결과라는 데 문제가 있다. 특정 지역 선포는 도시 속에서 고립되거나 배제되는 또 다른 공간으로 성매매 집결지가 제도적으로 공인되는 것이다.[87]

도시의 발전과 확장은 성매매 집결지의 형성과 변천에 상당한 영향을 끼친다. 도시에서 성매매 집결지의 형성 과정은 국가 정책과 제도, 각 지역의 도시 개발의 과정 속에서 구조적 동형성을 가지고 있다. 그러나 동시에 지역의 사회적 맥락에서 지역주민과 성매매 여성, 도시와 성매매 여

---

87 위의 글, 167쪽.

성과의 관계, 성 산업 생태계의 차이는 현저하게 다르다. 1921년부터 논의되기 시작한 '대광주건설계획'의 기초에 근거해 1926년부터 3년 동안 광주천 도심 구간의 하상을 굴착하고 제방을 쌓아 광수천을 직강화하는 하천 정비사업이 시행되었다.

이러한 일련의 과정, 곧 시가지 개발은 광주천 일대에 주거용 움막을 치고 살아가던 도시 빈민의 철거와 더불어 광주 유곽의 주변부 지역으로의 이전을 불가피하게 만들었다. 도시의 팽창과 인구의 증가 그리고 교통의 발전과 더불어 1930년대 공창 폐지 운동이라는 사회적 분위기가 가세한 결과 유곽은 이제 보이는 공간에서 보이지 않는, 즉 비가시화된 공간으로 이동하게 된다. 실로 유곽이라는 비도덕적인 공간은 시가지 내 교육적 공간과 뚜렷하게 대비되며 성도덕과 건전한 사회질서, 풍속을 위해 규제되어야 하는 공감임이 강조된다.[88]

도시의 형성을 계보학적(généalogique) 관점에서 파악하는 푸코(Michel Paul Foucault)는 도시 자체를 하나의 독립적 '실체(substance)'로 간주하고 그 형성과 변천을 역사적으로 탐구하는 대신 '도시'라는 개념 자체로부터 도시의 실제적 형성에 이르는 모든 과정을 주어진 시대와 사회 내에 존재하는 복합적 '힘관계들(relations de forces)'이 형성하는 다양한 배치와 구성의 효과(effet)로서 바라본다. 푸코에게는 더 이상 시대와 문화 혹은 지리를 초월하는 보편적인 '인간 자체'의 진리란 없으며, 오직 이러저러한 사건들에 의해 구성되는 '역사적·문화적' 인식만이 존재할 뿐이다. 나병(癩病) 환자들을

---

88 위의 글, 158쪽.

격리 · 수용했던 유럽의 역사를 일별하면서 푸코는 그러한 시기의 지배적 관념을 배제 · 축출(exclusion)로 명명한다.[89]

대인동 성매매 집결지가 은유하는 것은 푸코의 표상을 빌려 말하면 그곳은 배제와 축출의 공간이며, 중세기에 유럽에서 설치한 유대인 강제거주지역, 나치 독일이 만든 유대인 강제수용소, 미국에서 흑인 등이 사는 빈민가 등과 다를 것 없는 게토(ghetto)라 할 수 있다.

도시는 공적인 공간과 사적인 공간으로 분리되어 있다. 공적인 공간에서 생산이 이루어진다면 사적 공간에서는 시민의 재생산과 성적 행위를 포함하는 친밀 관계 등이 이루어진다. 그러나 매춘 여성은 사적인 행위를 공적 공간에서 하는 사람들로 '건전한 시민과 가족'을 위협하는 타자가 된다. 왜냐하면 매춘은 '사랑하는 유일한 파트너'가 아닌 '사랑 없는 불특정 다수'를 상대로 성을 파는 행위이기 때문이다.[90] 문제는 대인동 집창촌과 같은 공간이 갖는 장소성, 그리고 그곳에서 살아가는 이들의 정체성이다. 서정우는 이에 대해 조르조 아감벤(Giorgio Agamben)의 '포함적 배제' 개념을 원용하여 통합과 차별, 삶과 죽음이 혼재하는 '사이-공간'으로, 순수와 오염의 경계선에 있는 '비체,[91] 벌거벗은 생명'으로 본다.[92]

인간은 살면서 여러 흔적을 남긴다. 인간은 아무런 흔적도 없이 자신이 있던 시간과 공간에서 사라질 수 없다. 다만 역사에서 기억되지 않을 뿐

---

89 허경, 「서구근대도시 형성의 계보학」, 『도시인문학연구』 제5권 2호, 2013, 12쪽.
90 서정우, 「광주 대인동 집창촌의 매춘 지리학: 집창촌에서 매춘 여성의 포함적 배제」, 『한국도시지리학회』 제14권 3호, 한국도시지리학회지, 2011, 178쪽.
91 비체(卑體, abject)는 주체도 객체도 될 수 없는 존재, 아예 존재 자체가 지워진 존재를 말한다.
92 서정우, 앞의 글, 187쪽.

이다. 매춘 여성은 역사적으로 존재해왔지만, '있어서는 안 되는 부도덕한 존재'였으므로 역사에 기록되지 않았다. 기록되었더라도 왜곡된 형태로 재현되어왔다.[93] 대인동 집창촌에 대한 역사적 기록이 희박한 까닭은 그런 사정에서 연유한다.

전통적으로 지배 집단은 자신이 지닌 동물성과 유한성에 대한 두려움과 역겨움을 느끼게 하는 집단이나 사람에게 혐오를 노골적으로 드러냄으로써 이들을 배제하고 주변화해왔다. 문제는 혐오가 주변화된 타자의 몸에 투사될수록, 혹은 타자를 주변화함으로써 혐오 감정을 외면할수록 우리는 실제 우리 자신의 모습에서 멀어지게 된다는 점이다. 그것은 자기기만적 감정이다.[94]

'대인동 집결지'는 1980년대 중후반부터 최근까지 유리방 중심의 성매매 공간으로 인식되었는데, 이곳은 매우 근대화된 산업 공간이며 동시에 성매매 여성들에게 안과 밖, 우리와 그들의 경계를 공고하게 만든 공간이기도 하다.[95] 광주의 성매매 집결지는 대인동과 양동 및 월산동, 계림동과 송정동으로 모두 네 곳이지만 롯데백화점에서 금남로5가 등 대인동 일대가 여성가족부 지정 성매매 집결지로 등록돼 있으며, 광주시가 2016년 실태조사를 할 때도 성매매 업소 10여 군데가 영업을 하고 있었다. 그러나 아이러니하게도 2019년 말부터 전 세계적으로 확산하였던 코로나바이러

---

93   위의 글, 180쪽.
94   이나영, 앞의 글, 411쪽.
95   추주희, 앞의 글, 146쪽.

스 탓에 영업 시간의 제한과 더하여 변종 성매매의 확산 등의 영향으로 2023년 현재는 '공식적으로'는 폐쇄되었다.

그런데 집창촌은 그곳에서 일하는 성매매 여성(혹은 성 노동자) 들의 직장이자 집이다.[96] 본질적인 의미에서 집은 존재의 근거지며 직장은 삶의 근간이 되는 장소라 할 때, 집과 직장을 잃은 이들은 어디로 사라졌는가. 아니, 그들에게 집창촌은 본래적 의미에서 집이며 직장이기는 했을까. 아무튼 이제 성매매 종사자는 더 이상은 존재하지 않는가. 그렇다고 자신 있게 말할 수 있는 이가 누구인가. 아니 질문을 바꿔야 옳겠다. 성매매를 통해서 경제적 이익(을 포함하여)을 얻는 자는 누구 혹은 무엇인가?

성매매 여성(다들 말하고 있지 않지만, 성을 판매하는 이들 일부는 남성이기도 하다)의 문제는 정혜윤(국회미래연구원 부연구위원)의 지적이 아니라도 '가난과 불평등의 문제'이기도 하다. 정혜윤은 여성이 성매매에 참여하도록 만드는 현실은 "빈곤 · 가출 · 가정폭력 등에서 크게 벗어나지 않는다"고 말한다.[97] 일반화하기는 조심스럽지만, 성매매 노동의 특성상 10~20대라는 어린 나이에 유입되는 경우가 많다. 가정과 학교에서 보호받지 못한 여성일수록 그 가능성은 높아진다.

실제 한국청소년정책연구원의 2019년 조사에 따르면, 가난과 학대를 이유로 집을 떠날 수밖에 없는 '가정 밖 청소년'의 규모는 5만 6천 명에 이르며, '2022년 성매매 피해아동 · 청소년 지원센터'에 의하면 지원센터

---

96 오김숙이, 앞의 글, 75쪽.
97 정혜윤, 매일노동뉴스(http://www.labortoday.co.kr), 2023.7.21.

금남로4가 롯데백화점 골목과 자동차보험 그리고 반도전자상가를 끼고 골목골목에
대인동 집창촌이 있었다. 2023년 현재는 부분적으로 재개발이 진행되기도 하고 예전과
같은 쉬파리들에 의한 매춘 영업은 하지 않는 것으로 판단된다. ⓒ 심영의

에서 상담을 받은 '성매매 피해 아동과 청소년'만 862명으로 14~16세에 46%가 경험했으며 상담 건수는 해마다 늘어나고 있다는 것이다.

앞에서 제기했던 문제, 곧 성매매를 통해서 경제적 이익(을 포함하여)을 얻는 자는 누구 혹은 무엇인가와 관련하여 정혜윤의 글은 일정하게 그 해답을 제시하고 있다. 그는 다음과 같이 말한다.

성매매가 구매와 판매라는 정당한 거래가 아니라 '착취'라 불리는 이유는 일 자체가 개인의 날것 그대로 욕망을 마주하며 폭력과 인격 침해가 만연할 수밖에 없는 노동의 특성 때문이기도 하고, 일의 대가를 둘러싼 기이한 구조 때문이기도 하다. 한국 사회 성매매 산업의 규모는 수십조에 이르는데, 정작 종사하는 여성의 삶은 이상할 만큼 개선되지 않는다. '한 반' 성매매 활동가는 처음엔 자신과 같은 활동가들 월급과 비교할 수 없이 큰돈을 버는 '언니'들이 계속 가난해지는 이유를 이해하느라 애를 먹었다고 설명한다. 과거에는 포주가 물리적·경제적 예속 관계를 통해 절대적 권한을 행사했다면 요즘 업주는 금융권을 이용해 합법과 탈법을 넘나드는 지배력을 행사한다. 업주와 결탁한 미등록 대부업체나 제3금융권뿐 아니라 제2금융 저축은행들은 '아가씨(업소 전용) 대출' 상품을 만들어 여성의 채권자가 된다. 성매매에 뛰어드는 상당수 여성은 당장 돈이나 주거가 필요해 일을 시작했지만, 정작 일을 하려면 다시 선불금(마이킹)이란 이름의 부채를 진다. 성매매 장소가 되는 주거지의 방세, 수백만 원에 이르는 의상 구입 및 대여 비용, 화장·머리 등의 비용이 모두 대출일 뿐 아니라, 성 산업 구조상 '몸값'을 올리기 위해 성형수술을 강요받아 악성 고리 대출로 이어지는 것도 전형적 패턴이다. 높은 이자 때문에 몇백만 원의 빚이 몇천만 원으로 불어나는 일도 꽤 흔한 이야기다. 즉 몇 년간 일을 계속했는데도 빚이 늘거나 쉽게 돈이 모이지 않는다. 활동가들은 단기간에 돈을 벌어 성매매를 그만두는 여성은 극소수에 불과하다며, 개인이 넘어서기 어려운 착취의 구조적 고리를 강조한다.[98]

이렇게 성매매 여성들은 자본주의와 가부장적 착취 구조에 갇혀 있다. 그들은 성 산업의 공간들과 집결지들을 가로지르고 있다. 그들의 이동은 자발적 선택이라기보다는 오히려 '이동하는 주체'라고 할 수 있다. 업주나 소개업자들 혹은 그들과 내밀하게 연결된 이들로부터 끊임없는 관리와 감시 속에 놓여 있으면서도 그러한 착취나 업주나 금융업자들의 채무로부터 벗어날 수 있을 것이라는 희망을 안고 이동한다.[99] 그러나 그들은 '공간의 덫'에 갇힌 여성이라는 위치에서 '어쩌면' 결코 벗어나지 못한다.

2000년 9월 15일부터 열린 제27회 시드니 올림픽이 한창이던 2000년 9월 19일 쇠창살로 막히고 미로 같은 건물에서 끝내 탈출하지 못한 여성 5인이 사망한 사건이 있었다. 군산 대명동 일명 '쉬파리골목'이라는 성매매 집결지에서 화재가 발생해 다섯 명의 여성이 사망했던 것이다. 모든 언론은 올림픽을 중계하는 상황에서 단순 사고로 묻힐 뻔했던 대명동 화재 참사는 "여기에 사람이 있었다, 여성들이 감금, 착취, 인신매매된 상태로 성 착취 피해를 입었다."는 유가족과 여성/시민사회단체들이 찾아낸 여성들의 일기장이 알려지면서부터였다.

---

98 위의 글.
99 추주희, 앞의 글, 186쪽.

예전 원광대학교 한방병원이 있던 월산동 로터리에서 대성초등학교까지, 그리고 양동
닭전머리로 이어지는 골목길을 끼고 집창촌과는 조금 다르지만 성매매 장소로서는
성격이 같은 소위 '방석집'들이 많았다. 2023년 여름에 확인해보니 단 한 곳만 영업하고
있었다. 다른 가게들은 모두 문을 닫았고 부분적으로 재개발이 진행되고 있었다.
ⓒ 심영의

    화재 참사가 일어난 곳은 '쉬파리 골목의 입구이면서 끝'인 구시장 도로
에 위치한 평범한 3층 건물로, 2000년 9월 19일 오전 9시 15분께 건물 2
층에서 화재가 났고 그 안에 있었던 여성 다섯 명은 모두 희생됐다. 뛰어
내려도 될 높이였건만 2중 쇠창살로 막힌 창문과 좁은 미로 같은 내부는
처음부터 탈출이 불가능한 구조였다. 사건의 진실은 경찰 수사를 통해서
밝혀진 것이 아닌 여성들이 그 안에서 힘들게 적어놓은 작은 메모와 일기
장을 통해서였다.[100]

    추주희는 "이제 성매매 집결지에서 과거와 같은 눈에 보이는 감금과 억

---

100 http://www.womennews.co.kr/news/articleView.html?idxno=202089 정미례,여성신문, 2021.1.5.

압은 찾아보기 어렵다."고 말한다.[101] 그러나 "공간의 덫에 갇힌 여성들의 현실은 여전히 존재한다."고도 말한다. 대인동과 같은 성매매 집결지는 여러 사정으로 사라진 것처럼 보이지만 양동과 월산동 그리고 송정역 부근에서는 지금도 은밀한 영업이 이루어지는 것으로 알려져 있다. 무엇보다 오피스텔 등의 주거 시설을 이용한 변형된 성매매나 마사지숍 혹은 이용업소라는 간판을 걸고 영업하는 소규모 시설에서 은밀하게 이루어지고 있는 성매매에 대해서는 실태 조사조차 이루어지지 않은 채 묵인하고 있는 것으로 보인다.

또 다른 면에서는 외국인 노동자들이 한국의 노동 시장과 농어촌 노동의 상당 부분을 차지하는 것과 같은 맥락에서 한국의 매매춘 시장에 유입되고 있다. 형식적으로는 외국인 계약 노동자이지만 과거의 '양공주'를 대체하고 있는, 한국에서의 성 산업에 유입된 필리핀 여성들에 관한 연구[102]도 있으나, 이는 논의의 범주를 넘어서는 것이기에 이 글에서는 생략하겠다. 광주공항에 과거 미 공군 기지가 있었고, 부대 인근에 저들을 상대하는 업소가 있었으나 지금은 폐쇄되었다.

---

101 사실 알 수 없는 일이다. 성매매 여성의 자발성을 강조하면서 성 노동자성을 주장하는 이들이 없지 않으나 그 점 역시 당사자들이 자신의 현재적 위치를 그렇게 규정하고 있는지 여부도 사실 알 수가 없다. 발화는 맥락과 상황에 따라 얼마든지 다르게 해석될 수 있기 때문이다. 2007 년도에 『유곽의 역사』를 펴낸 홍성철은 성매매 여성들의 이동 과정에는 인신매매가 적지 않게 행해진다(317쪽)고 말한다. 홍성철과 추주희의 연구는 대략 10년의 차이가 존재하는데, 2023년 의 필자는 비가시적이기는 하지만 어떤 형태로든 성매매 여성들의 이동에는 자발성 혹은 주체 성보다는 인신매매적 성격이 여전히 작동하고 있다고 믿는다. 그것이 소위 '성 산업'의 주요한 특징이기 때문이다.

102 한정우, 「필리핀 이주 기지촌 여성 '쥬시걸'의 민족지적 연구」, 『여성학논집』 제31권 제2호, 이화 여자대학교 한국여성연구원, 2014, 33쪽.

그런데 도린 매시의 경우 공간과 장소, 장소와 공간, 그리고 그에 대한 우리의 느낌은 젠더화되어 있고 또 젠더화되어 왔다고 말한다.[103] 대인동을 비롯한 성매매 집결지를 바라보는 관점이 도시의 확장과 인구의 증가 그리고 도시를 구성하는 여러 요소들이 복합적으로 작용하여 형성되고 일정하게 변천을 거듭하였다는 논의 자체가 여성을 배제한 혹은 그곳에서 생활하는 주체인 성매매 여성을 배제한 남성 중심의 언어라는 의미다. 가장 문제되는 것은 성매매 여성들을 자발적 공급자이자 수요를 견인하는 주체로 보고 있는 점이다.[104]

그와 비슷한 관점이겠는데, 어떤 이들이 성 노동은 성적 실천이며 성 노동자는 쾌락 생산의 주체라고 말할 때조차도 성매매 여성 당사자의 목소리는 소외 혹은 배제되어 있다. 앞에서도 제기했지만, 성과 관련한 문제에 있어서 여성에게만 도덕과 윤리와 모럴의 억압이 있어온 탓에 성매매 여성의 위치성을 어떻게 규정하든 간에 해당 여성들은 자신의 몸이 '더럽혀졌다'(몸만 그렇겠는가. 그러한 인식에는 몸과 분리할 수 없는 정신 혹은 영혼의 문제가 결부되어 있다고 보아야 하지 않을까)고 인식하는 것을 우리는 확인한 바 있다.

다만 필자는 이나영의 논지 대부분에 공감하면서도 "(성매매 여성과의 관계 후)남성들은 섹스라는 행위와 자신의 성기를 더럽다고 여기지 않는다. 반면 여성들은 섹스 자체, 남성의 성기, 때로는 남성과 섹스한 자신의 몸

---

103 도린 매시, 앞의 책, 329쪽.
104 이나영, 앞의 글, 404쪽.

을 '더러운 것' 혹은 '불결' 하거나 혐오스러운 것으로 여긴다."는 주장에는 동의하기 어렵다. 좀 더 정확하게 말하면, 동의 여부라기보다는 이나영 교수가 여성학자로서 이론과 실천을 부단히 추구해온 네 대하여 경의를 표하지만, 그 역시 여성 중의 한 사람일 뿐이며 더더욱 성매매 여성으로서의 경험은 갖고 있지 않다.

성 구매 경험이 많은 남성을 대상으로 성매매의 동기와 성매매가 지속화되는 과정을 연구한 조상현은 심층 면접에 참여한 이들 모두에게서(네 명이라는 연구대상에 대한 글을 통해 일반화할 수는 없지만), "성매매는 근절되지 않을 것"이라는 답을 들었다.[105] 까닭은 성매매가 불법이라는 사실은 인지하고 있으나 단속과 처벌이 강력한 것은 아니며, 처벌이 지금보다 강화된다면 성매매는 더욱더 음지에서 이루어질 것으로 보았다. 무엇보다 "성매매 여성에 대한 인식으로는 하나의 직업여성일 뿐 부정적으로 바라보지 않았으며, 오히려 본인들의 욕구와 스트레스를 해소하기에 긍정적으로 바라보고 있었다."[106]는 진술은 물론 성(성매매, 성 구매)에 대한 남성의 전형적인 시각이다.

조상현의 연구는 성 구매 남성을 대상으로 '범죄학적 측면에서' 바라보고 있는 점, 무엇보다 남성 중심의 전형적인 언어라는 한계가 있다. 그러나 대인동 집창촌을 비롯한 성매매 공간과 그들과 관계 맺고 있는 이들에 대한 정체성의 문제를 심문할 때 좀 더 현실적인 이해를 포함한 복합적

---

105 조상현, 「성인남성의 성매매 지속화 과정에 관한 연구」, 『한국치안행정논집』 제16권 제3호, 한국치안행정학회, 2019, 354쪽.
106 위의 글, 354쪽.

관점이 필요함을 시사하고 있다.

여성학자가 비록 성매매 여성의 인권(노동권의 보장과 함께)보호의 관점에서 "쾌락 생산을 위한 성 노동"이라고 적극적으로 문제 제기하는 것과 "욕구와 스트레스를 해소하기" 위해 성 구매를 한다는 일부 성 구매 남성의 고백은 그 맥락은 다르지만 결국 성매매 여성을 바라보는 타자의 폭력적인 관점인 것은 분명해 보인다. 마이클 샌델(Michael Sandel)은 의무와 권리에 관한 이마누엘 칸트의 이론을 빌려와 "개인은 타인의 행복에 이용되어서는 안 된다."고 주장한다.[107] 까닭은 "많은 사람에게 쾌락을 준다는 이유만으로 그것이 옳다고 할 수 없"[108]으며, "사람은 누구나 존중받을 가치가 있고",[109] "매춘은 오로지 성욕을 충족시킬 뿐 상대의 인간성을 존중하는 행위가 아니기"[110] 때문이다.

캐나다 출신 미국 언어학자이자 심리학자인 하버드대학교 교수 스티븐 핑거(Steven Pinker)는 타인에 대한 우리의 상식은 일종의 직관심리학이라고 말한다. 즉 우리는 사람들의 언어와 행동으로부터 그들의 믿음과 욕구를 추론하고 그들의 믿음과 욕구에 대한 추측으로부터 그들이 어떻게 행동할지 혹은 무엇인가에 대해 어떤 생각을 할지 추론할 뿐, 오렌지의 냄새를 맡는 것처럼 다른 사람의 머릿속에 들어 있는 믿음이나 욕구나 생각을 감지할 수 없다. 우리는 누구든 타인의 마음을 정확하게는 알 수 없는 것

---

107 마이클 샌델, 『정의란 무엇인가』, 김영사, 2011(1판 161쇄), 147쪽.
108 위의 글, 151쪽.
109 위의 글, 152쪽.
110 위의 글, 181쪽.

이다.[111] 또한 이나영의 주장은 그곳에서 생활하는 주체인 성매매 여성을 배제한 남성 중심의 언어와 다르지 않은 지점에서 일종의 관찰자로서의 관점일 뿐이다.

그럼에도 불구하고 이 글에서의 필자의 결론은 이나영 선생의 글 일부를 인용하는 것으로 대신한다. 우리에게는 여전히 "도덕적 진실을 파악할 수 있는 상상력, 타인의 관점에서 바라볼 수 있는 능력"이 필요하다.[112] 우리의 의무는 "타자들의 이야기를 깊숙이 더 정성 들여 듣는 것이어야"한다.[113] 타인의 삶의 무게에 진지한 관심을 두지 않은 채 삶의 무게를 나눠 질 수는 없는 노릇이니까.

---

111 스티븐 핑거, 『마음은 어떻게 작동하는가』, 김한영 역, 동녘사이언스, 2007, 61쪽. 일부 문장은 필자가 임의로 덧붙이거나 약간 변형했다.
112 이나영, 앞의 글, 418쪽. 바우만과 아렌트의 말들을 해석 인용하고 있는 이나영의 문장 일부를 재구성하였다.
113 위의 글, 421쪽에서 재인용. 박혜정의 말을 이나영이 그의 글에 옮긴 것이다.

이 책 『광주 100년 : 시장과 마을과 거리의 문화
사』에서는 광주 지역의 전통시장과 마을과 거리의 '장소성'에 특히 주목했
다. 장소성이란 특정 장소가 거주자들이나 사용자들에게 갖는 '의미'와 '중
요성'에 관한 문제다. 장소성이란 도시 공간의 특징, 네이버후드(neighbor-
hood, 어떤 특성을 갖춘 고장이라는 의미에서)의 특징적 요소 등을 의미한다. 장
소성을 드러내는 방법론적 도구들은 인터뷰, 참여 관찰, 담론분석, 물리적
요소들의 지도화 등이다.[1]

이 책에서는 전반적으로 담론 분석과 물리적 요소의 지도화를 주로 사용
했고, 대상 장소를 모두 실지 방문하였으며, 부분적으로 인터뷰를 덧붙였
다. 원고를 쓰기 위해 여러 장소를 다니며 사진을 찍고 사람을 만나면서 새
삼 깨닫게 된 것은 우리 지역의 역사와 문화의 뿌리가 이렇게 깊고 단단하

---

1 변미리, 「도시 공간에 대한 인문학적 시선」, 『국토인문학』 제418호, 국토연구원, 2016, 30쪽.

구나 하는 것이었다. 아울러 이 고장에서 태어나 평생 살고 있으면서도 그동안 피상적으로만 알고 있었던 우리 고장의 역사와 문화에 대해 좀 더 많이 알게 된 것은 가외의 소득이라 하겠다.

가장 고심했던 것은, 각각의 장소에 대한 기왕의 지리학 혹은 민속학적 소개의 반복을 넘어서는 필자만의 인문학적 사유를 어떻게 표상할 것인가의 문제였다. 인문학은 사람에 대해 성찰하고 우리들의 삶에 대해 사유하는 것이다.[2] 서문에서 언급한 바 있으나 여러모로 부족한 이 책이 전통적인 공동체의 해체와 관계 맺기의 결핍, 무연사회[3]의 진입 등 부정적인 사회적 상황 속에서도 관계성의 확장과 그 지속 가능성을 모색하고 있는 점에서 나름의 의의가 있기를 바랄 뿐이다.

2   변미리, 같은 글, 33쪽.
3   무연사회(無緣社會) 또는 무연고사회(無緣故社會)는 독신 가정의 증가, 장기화하고 있는 경기 침체, 대규모 청년 실직, 저출산, 고령화 등으로 인해 인간관계가 약해져 가는 사회를 말한다.

고가영, 「우크라이나 전쟁 난민 유입과 광주 고려인마을 공동체의 확장」, 『HOMO MIGRANS』 28권, 이주사학회, 2023.

고광헌 외, 『5월』(5월시 동인시집 제5집), 그림씨, 2020.

고명지 · 최유정 · 최샛별, 「청년 세대 음식소비문화에 관한 연구」, 『소비문화연구』 20권 2호, 한국소비문화학회, 2017.

고정갑희, 「매춘 성노동의 이론화」, 『경제와사회』 통권 제81호, 2009년 봄호.

권윤경, 「정치적 기회주의에 대한 역사학적 접근 : 피에르 세르나의 『변절자들의 공화국』과 혁명사의 새로운 방향」, 『프랑스사 연구』 제33집, 한국프랑스사학회, 2015.

기유정, 「식민지 군중의 "길거리 정치"와 식민자의 공포(1920~1929)」, 『도시연구』 제19권, 도시사학회, 2018.

김기성, 「경계투쟁과 아장스망 : 광주 광산구 고려인마을의 횡단지역성」, 『인문학연구』 제64집, 조선대학교 인문학연구원, 2022.

김동춘 외, 『반공의 시대』, 돌베개, 2015.

김병학 외, 『고려인의 삶과 모국어』, 고려인인문사회연구소, 2018.

김봉국, 「'예향(藝鄕)' 광주의 탄생 : 전두환 정부의 '새문화정책'과 지역정체성」, 『역사연구』 제37권, 역사학연구소, 2019.

김봉국, 「순례공감장 : 망월묘역과 5월의 기억」, 『감성연구』 제22권, 전남대학교 호
남학연구원, 2021.

김상봉, 『철학의 헌정 : 5·18을 생각함』, 길, 2015.

김상희, 「국제 공공시장 콘퍼런스를 통해 본 지속 가능한 공동체 공간으로서 런던
전통시장의 특성」, 『도시연구』 제16권, 인천연구원, 2019.

김소영, 「도시정체성, 기술에 관한 존재론적 성찰로부터 : 리가(Riga)의 도시건축물
을 중심으로」, 『한국예술연구』 제24권, 한국예술종합학교 한국예술연구소,
2019.

김소희, 「전주한옥마을에 나타난 껴안는 낭만적 분위기의 환기와 지속성」, 『비즈니
스융복합연구』 제6권 1호, 한국비즈니스학회, 2021.

김승유, 「'전통문화'의 상징적 공간, '인사동'의 역사성 재고」, 『중앙민속학』 제16집,
중앙대학교 한국문화유산연구소, 2011.

김연경·이무용, 「생활주체 경험을 통해 본 광주 예술의 거리의 장소성 연구」, 『한
국지역지리학회지』 제21권 제3호, 한국역사지리학회, 2015.

김영기, 「전통시장 및 인접구역의 생계형 노점상 관리방안에 관한 연구」, 『유통연
구』 제15권 5호, 한국유통학회, 2010.

김은식, 『중국의 별이 된 조선의 독립군 정율성』, 이상, 2016.

김지은 외, 「장소의 진정성 개념에 기초한 전통문화거리의 이미지 조성에 대한 연
구」, 대한건축학회 논문집, 대한건축학회, 2016.

김종근, 「일제강점 초기 유곽공간의 법적 구성 및 입지 특성」, 『한국지리학회지』 제
6권 2호, 한국지리학회, 2017.

김종규·김태경, 「시장(市場)에 대한 장소적 고찰 : 전통시장의 미래에 대한 인문
학적 제언」, 『인문과학』 제26권, 성균관대학교 인문학연구원, 2016.

김종수, 「식민지 미화 투어리즘 : 군산 근대문화도시 사업」, 『내일을 여는 역사』
71·72권, 재단법인 역사와 책임, 2018.

김종헌, 「거리의 정치와 공공미술 : 광주 금남로 조각의 거리를 중심으로」, 『민주주의와 인권』 제7권 1호, 전남대학교 5 · 18연구소, 2007.

김주용, 「鄭律成의 생애와 항일민족운동」, 『동국사학』 제51호, 동국역사문화연구소(구 동국사학회), 2011.

김현중 외, 「인구감소가 전통시장 축소에 미칠 영향 예측」, 『한국도시설계학회지』 제23권 제4호, 2022.

노영은 · 류웅재, 「로컬(local) 문화산업과 관리되는 도시 공간 : 광주와 대전의 도시정책에 대한 비판적 담론분석」, 『사회과학연구논총』 제39 권1호, 이화여자대학교 이화사회과학원, 2023.

노영준 · 정봉현, 「생태관광을 통한 명품마을의 활성화전략 : 광주광역시 평촌마을 사례로」, 『한국지역개발학회 학술대회자료집』, 한국지역개발학회, 2018.

노정숙, 「사립미술관 전시 운영을 통한 지역 미술 활성화 방안 : 광주광역시를 중심으로」, 『유럽문화예술학논집』 제10집, 유럽문화예술학회, 2014.

나종영, 「배고픈 다리」, 『문학들』 제7호, 심미안, 2007.

노치준, 「한국 초기 기독교와 민족주의 한말의 근대화와 기독교」, 『역사비평』 제29집, 역사비평사, 1994.

박경섭, 「예술은 시장을 구할 수 있는가? : 광주광역시 대인시장의 사례를 중심으로」, 『민주주의와 인권』 제12권 1호, 전남대학교 5 · 18연구소, 2012.

박근송 외, 「전국 상업 젠트리피케이션 발생요인 분석」, 『대한건축학회논문집』 제36권 10호, 대한건축학회, 2020.

박명규, 「역사적 경험의 재해석 상징화」, 『사회와 역사』 제51권, 한국사회사학회, 1997.

박선홍, 『광주 1백년』, 금호문화, 1994.

박세훈 · 김은란, 「문화클러스터를 활용한 도시문화전략의 가능성과 한계 : 광주광역시 대인예술시장 사례」, 『국토연구』 제77권, 국토연구원, 2013.

박소현, 「문화공간'으로서의 박물관·미술관?」, 『현대사와 박물관』 제5집, 대한민국역사박물관, 2022.

박영균, 「욕망의 정치경제학과 현대 도시의 위기」, 『마르크스주의 연구』 제6권 2호, 경상대학교 사회과학연구원, 2009.

박원경·김병인, 「김덕령 장군 영웅화의 역사적 과정에 대한 층위적 해석」, 『인문콘텐츠』 제38호, 인문콘텐츠학회, 2015.

박은숙, 『시장의 역사 : 교양으로 읽는 시장과 상인의 변천사』, 역사비평사, 2013.

박은영, 「전통시장 장소성의 기록화를 위한 도큐멘테이션 전략」, 경북대학교 대학원, 2018.

변미리, 「도시 공간에 대한 인문학적 시선」, 『국토인문학』 제418호, 국토연구원, 2016.

서우석, 「도시인문학의 등장 : 학문적 담론과 실천」, 『도시인문학연구』 제6권 2호, 서울시립대학교 도시인문학연구소, 2014.

서정우, 「광주 대인동 집창촌의 매춘 지리학 : 집창촌에서 매춘 여성의 포함적 배제」, 『한국도시지리학회』 제14권 3호, 한국도시지리학회지, 2011.

서정희, 『4차 산업혁명 시대의 소비자와 시장』, UUP, 2020.

서해숙, 「변화와 대응의 관점에서 살펴본 마을 공동체문화의 의미 체계」, 『한국민속학』 제59집, 한국민속학회, 2014.

서해숙, 「지역여성주의 시각에서 살펴 본 민속문화의 전통과 변화」, 『한국민속학』 제57집, 한국민속학회, 2013.

손유림·김진아, 「광장의 공공문화 : 광주공원과 5·18민주광장의 형성과 역할 변화」, 『동아시아문화연구』 제79호, 한양대학교 동아시아문화연구소, 2019.

송정기, 「전통마을의 문화전승과 지역통합의 과제」, 『정치정보연구』 제2권 1호, 한국정치정보학회, 1999.

신지인, 「생활세계로서 전통시장의 장소성에 대한 기록화 방안 연구」, 한국외국어

대학원, 2021.

신혜경, 『벤야민&아도르노 : 대중문화의 기만 혹은 해방』, 김영사, 2009.

심경섭, 「인간 역사상에서의 시장의 위치에 관한 연구」, 『專門經營人硏究』 제10집
　　　제2호, 2007.

심우장, 「구멍가게의 역사와 기능」, 『실천민속학연구』 제24호, 2014.

오김숙이, 「집창촌 여성들의 하위문화는 존재하는가」, 『여/성이론』 제18권, 도서출
　　　판 여이연, 2008.

이기표, 「전통시장 이용에 관한 문화기술적 연구」, 홍익대학교 대학원, 2019.

이규수, 『식민지 조선과 일본, 일본인』, 다할미디어, 2007.

이나영, 「성매매는 죄인가? 여성혐오에 기반한 구조적 폭력인가?」, 『페미니즘연구』
　　　제16권 2호, 2016.

이성근, 『도시는 어떻게 역사가 되었을까』, 효형출판, 2021.

오세호, 「중앙아시아 고려인사회의 정체성과 홍범도 인식」, 『한국독립운동사연구』
　　　제55권, 독립기념관 한국독립운동사연구소, 2016.

이승훈 · 오민재, 「전통한옥마을의 관광경험과 방문가치, 만족, 행동의도 간 구조
　　　관계 연구 : 전주한옥마을을 중심으로」, 『관광연구저널』 제31권 9호, 한국관
　　　광연구학회, 2017.

이영석 · 민유기 외, 『도시는 역사다』, 서해문집, 2011.

이영찬 · 권상우, 「한국의 사회병리현상에 대한 유가치료학적 접근 : 폐쇄적 사회에
　　　서 소통적 사회로」, 『국학연구』 제20집, 한국국학진흥, 2012.

이은식, 「광주광역시 충장로와 금남 : 두 장군의 충절이 서린 땅」, 월간 『샘터』 534
　　　호, 샘터사, 2014.

이주영, 「장소의 역사성/일상성」, 『공연과 이론』 제54권, 2014.

이중구, 「인접 마을 간의 관계성 변화」, 『비교민속학』 제73권, 비교민속학회, 2021.

이철민, 『걷고 싶은 골목상권 컨셉 있는 전통시장』, 선스토리, 2021.

임재해, 「농촌 공동체문화의 활성화 방향 구상과 실천 과제」, 『한국민속학』 제33집, 한국민속학회, 2001.

유다희, 「이웃문화를 통해 마을의 변화를 만들다 : 광주광역시 청춘발산마을 사례」, 『한국주거학회 학술대회논문집』 제30권 1호, 한국주거학회, 2018.

유하나, 「장소성 만들기로서의 도시재생에 관한 고찰」, 『한국지역지리학회지』 제24권 3호, 2018.

위경혜, 「광주의 극장 문화사」, 『문학들』 제26권, 심미안, 2011.

장세용, 「로컬, 주체, 타자」, 『로컬리티 인문학』 제11집, 부산대학교 한국민족문화연구소, 2014.

장흥섭, 『세계전통시장 : 어디로 가고 있는가』, 형설라이프, 2016.

전성현, 「일제강점기 부산 유곽의 실태와 일본군과의 관련성」, 『역사와경계』 제 109권, 부산경남사학회, 2018.

전은희, 「장소로서의 도시와 공간의 장소감 표현 연구」, 『미술문화연구』 제12집, 동서미술문화학회, 2018.

정경연 · 변병설, 『한국도시의 역사』, 박영사, 2022.

정경운, 「일제강점기 식민도시화 정책과 오일장 변화과정 : 광주 양동시장을 중심으로」, 『국학연구론총』 제17집, 택민국학연구원, 2106.

정금호 외, 「재래시장에서의 접근성과 업종별 상관관계 : 광주광역시 대인시장과 남광주시장을 중심으로」, 『대한건축학회 논문집』 제20권 1호, 대한건축학회, 2014.

정소연 외, 「전통시장 도시재생사업의 젠트리피케이션 영향 연구 : 광주광역시 1913 송정역시장을 중심으로」, 『도시재생』 제7권 3호, 2021.

정수진, 「차이 공간의 가능성과 불가능성 : 도시 공간에서 마을 만들기」, 『실천민속학연구』 제31권, 실천민속학회, 2018.

정수남, 「공포, 개인화, 그리고 축소된 주체」, 『정신문화연구』 제33권 4호, 2010.

정승모, 『한국의 전통 사회 시장』, 이화여자대학교출판문화원, 2006.

정유리·정성문·강신겸, 「도시관광지 주민의 지역애착도가 관광개발 지지에 미치는 영향 : 광주 근대역사문화마을 양림동을 대상으로」, 『관광연구저널』 제31권 7호, 한국관광연구학회, 2017.

정호기, 「5·18의 주체와 성격에 관한 담론의 변화」, 『황해문화』 제67권, 새얼문화재단, 2010.

정호섭·백외준, 「역사 실천으로서의 공공역사와 지역학의 방향 : 서울 성북구 사례를 중심으로」, 『한국사학보』 제91권, 고려사학회, 2023.

정현애, 「상무대 옛터의 5·18기념공간화 과정에 대한 검토」, 『지방사와 지방문화』 제20권 2호, 역사문화학회, 2017.

조상현, 「성인남성의 성매매 지속화 과정에 관한 연구」, 『한국치안행정논집』 제16권 제3호, 한국치안행정학회, 2019.

조상현, 「광주의 역사인물 기념 가로명 연구」, 『호남학』 제67권, 전남대학교 호남학연구원, 2020.

조응순, 「음악가 정율성의 삶과 예술가의 윤리」, 『국악교육』 제40권, 한국국악교육학회, 2015.

조종진, 『학동의 시간을 걷다』, 인북스, 2020.

조형근, 「일제 식민지기 재래시장의 사회사적 분석을 통한 식민지근대성론의 사회변동론적 재구성」, 『한국사회학』 제48집 제5호, 한국사회학회, 2014.

주문희, 「마을 공동체 구성과 차이·공존의 장소 정치」, 전남대학교 대학원 사회교육학과 박사학위 논문, 2019.

추명희, 「역사적 인물을 이용한 지역의 상징성과 정체성 형성 전략 : 영암 구림리의 도기문화마을 만들기를 사례로」, 한국지역지리학회지 제8권 3호, 한국지역지리학회, 2002.

추주희, 「광주 대인동, 성매매집결지의 형성과 변화」, 『호남문화연구』 제63집, 전남대학교 호남학연구원, 2018.

최시내, 「도시 삶과 공동체의 표현 과정으로서 커뮤니티 아트」, 『민족미학』 제14권
2호, 민족미학회, 2015.

최신혜, 「전통시장 이용 소비자의 소비윤리 유형에 따른 적극적 참여가 소비생활
만족에 미치는 영향」, 『소비자문제연구』 제53권 2호, 한국소비자원, 2022.

최영근, 「근대 한국에서 기독교와 민족주의 관계 연구 : 선교 초기부터 대한민국 정
부 수립 시기까지(1884~1948)」, 『한국기독교신학논총』 제104집, 한국기독
교학회, 2017.

최진석, 「애도와 기억 : 1937년 고려인 강제이주의 비극」, 『뉴 래디컬 리뷰』 제2권 4
호, 2022.

한국도시지리학회, 『한국의 도시』, 법문사, 2005.

한규무, 『백범의 길 : 강원 · 충청 · 전라 · 경상 편—조국의 산하를 걷다』, 아르테,
2018.

한정우, 「필리핀 이주 기지촌 여성 '쥬시걸'의 민족지적 연구」, 『여성학논집』 제31권
제2호, 이화여자대학교 한국여성연구원, 2014.

허경, 「서구근대도시 형성의 계보학 : 미셸 푸코의 도시관」, 『도시인문학연구』 제5
권 2호, 서울시립대학교 도시인문학연구소, 2013.

허영란, 「한국 근대사 연구의 '문화사적 전환' : 역사 대중화, 식민지 근대성, 경험세
계의 역사화」, 『민족문화연구』 제53호, 고려대학교 민족문화연구원, 2010.

허영란, 「공공역사로서의 구술사와 지역사」, 『역사비평』 통권 제139호, 역사비평
사, 2022.

허진아 · 이오현, 「예술영화전용관으로서의 광주극장 읽기 : 공간의 의미와 소비행
위를 중심으로」, 『한국언론학보』 제54권 6호, 한국언론학회, 2010.

홍상호 · 신우진, 「지방대도시 내 전통시장 상권범위에 관한연구 : 광주광역시 양동
시장을 중심으로」, 『한국지역개발학회 학술대회자료집』, 한국지역개발학

회, 2016.

홍성흠, 「유통시장의 새로운 분화와 중소상인의 대응 : 광주 말바우시장의 사례를 중심으로」, 『비교문화연구』 제8권 2호, 서울대학교 비교문화연구소, 2002.

홍성철, 『유곽의 역사 : 아미산하 유곽에서 파주 용주골까지, 집창촌 100년의 기록』, 페이퍼로드, 2007.

도린 매시(Doreen Massey), 『공간, 장소, 젠더』, 서울대학교 출판문화원, 2015.

마리아 미즈(Maria Mies), 『가부장제와 자본주의』, 최재인 역, 갈무리, 2014.

마이클 샌델(Michael Sandel), 『정의란 무엇인가』, 김영사, 2011(1판 161쇄).

스티븐 핑거(Steven Pinker), 『마음은 어떻게 작동하는가』, 김한영 역, 동녘 사이언스, 2007. 에두아르트 푹스(Eduard Fuchs), 『풍속의 역사』, 리기웅 · 박종만 역, 까치, 1988.

에드워드 카(Edward Hallett Carr), 『역사란 무엇인가』, 김승일 역, 범우사, 1998.

제프 말파스(Jeff Malpas), 『장소와 경험 : 철학적 지형학』, 김지혜 역, 에코리브르, 2014.

이-푸 투안(Yi-Fu Tuan), 『공간과 장소』, 구동희 · 심승희 역, 대윤, 1995.

찾아보기